9.6	Salz- und Wasserhaushalt bei körperlicher Aktivität	121
9.7	Nahrungsaufnahme und Wettkampf	125
9.8	Lernerfolgskontrolle	129

10 Die körperliche Leistungsfähigkeit und Belastbarkeit beim jungen und alten Menschen ... 131

10.0	Lernziele	131
10.1	Phasen der körperlichen Entwicklung	131
10.2	Leistungsbestimmende physiologische Größen der Entwicklung im Kindes- und Jugendalter	137
10.3	Körperliche Leistungsfähigkeit und Akzeleration	145
10.4	Die körperliche Leistungsfähigkeit und Belastbarkeit des älteren Menschen	149
10.5	Geschlechtsspezifische Unterschiede in der Leistungsfähigkeit	153
10.6	Medizinische Aspekte des Schulsports	153
10.7	Lernerfolgskontrolle	157

11 Die sportmedizinische Beurteilung der körperlichen Leistungsfähigkeit ... 159

11.0	Lernziele	159
11.1	Hauptaufgaben der sportmedizinischen Untersuchung	159
11.2	Beurteilung der allgemeinen dynamischen aeroben Ausdauer	161
11.2.1	Prinzip der Bestimmung der allgemeinen aeroben Ausdauerleistungsfähigkeit	161
11.2.2	Parameter zur Beurteilung der allgemeinen aeroben Ausdauerleistungsfähigkeit	165
11.3	Standardisierte Testverfahren zur Beurteilung der Ausdauerleistungsfähigkeit	167
11.4	Lernerfolgskontrolle	175

Literaturhinweise	176
Sachwortverzeichnis	179

BAND I (MD 5122)

Hinweise zur Bearbeitung des Buches

1 Die körperliche Aktivität im Sport

1.1 Die motorischen Hauptbeanspruchungsformen
1.2 Die Ziele der körperlichen Aktivität

2 Voraussetzungen für das Verständnis der körperlichen Aktivität im Bereich des Skelettsystems

2.0 Lernziele
2.1 Anatomie von Gelenken und Wirbelsäule
2.1.1 Gelenkarten
2.2 Die Wirbelsäule
2.2.1 Aufbau der Wirbel
2.2.2 Bewegungsmöglichkeiten der Wirbelsäule
2.3 Erkenntnisse für die Sportpraxis
2.3.1 Trainingswirkung auf Knochen und Gelenke
2.3.2 Wirbelsäule und Training
2.3.3 Schäden an der Wirbelsäule
2.4 Sportverletzungen
2.4.1 Distorsion
2.4.2 Kontusion
2.4.3 Luxation
2.4.4 Fraktur
2.5 Lernerfolgskontrolle

3 Voraussetzungen für das Verständnis der körperlichen Aktivität im Bereich der Skelettmuskulatur

3.0 Lernziele
3.1 Anatomischer Aufbau der Skelettmuskulatur
3.1.1 Muskel und Sehne
3.1.2 Feinstruktur des Muskels
3.2 Physiologische Gesetzmäßigkeiten des Kontraktionsvorgangs

3.2.1 „Greif-Loslaß-Zyklus" (oder „Querbrücken-Zyklus")

3.2.2 Die Umsetzung von chemischer in mechanische Energie

3.3 Mechanische Eigenschaften des Muskels

3.4 Einzelne Kontraktionsformen der isolierten Muskulatur

3.5 Die Beeinflussung der Muskulatur durch Training

3.5.1 Leistungsbestimmende Faktoren für die Muskeltätigkeit

3.6 Die Messung der Muskelkraft

3.7 Dimensionen der Kraft

3.7.1 Wirkungen des Krafttrainings

3.8 Formen des Krafttrainings

3.8.1 Isometrisches Krafttraining

3.8.2 Dynamisches Krafttraining

3.8.3 Isokinetisches Krafttraining

3.8.4 Vergleich der unterschiedlichen Formen des Krafttrainings

3.9 Erste Hilfe bei Muskelverletzungen

3.10 Lernerfolgskontrolle

4 Voraussetzungen für das Verständnis der körperlichen Aktivität im Bereich des zentralen und peripheren Nervensystems

4.0 Lernziele

4.1 Grundlagen der Neuroanatomie

4.2 Neurophysiologische Grundlagen der Erregung und Erregungsleitung

4.2.1 Fortleitung der Erregung

4.3 Der Einfluß des Zentralnervensystems auf die Skelettmuskulatur – Das Motorische System

4.3.1 Funktionelle Betrachtung des motorischen Systems

4.4 Neurophysiologische Aspekte des motorischen Lernens

4.4.1 Abriß der Entwicklung des motorischen Lernens

4.5 Lernerfolgskontrolle

5 Voraussetzungen für das Verständnis der körperlichen Aktivität im Bereich des Herz-Kreislauf-Systems

5.0	**Lernziele**
5.1	**Aufbau und Arbeitsweise des Herzens**
5.2	**Funktionelle Bedeutung von Herz und Kreislauf**
5.2.1	Phasen der rhythmischen Herztätigkeit
5.2.2	Arbeit des Herzens (Herzmechanik)
5.2.3	Wichtige Funktionsgrößen des Kreislaufs
5.2.4	Die Funktion der Kapillaren
5.2.5	Der venöse Rückstrom
5.2.6	Entstehung des Blutdrucks
5.3	**Beeinflussung des Herz-Kreislauf-Systems durch Ausdauertraining**
5.3.1	Regulationsvorgänge des Herz-Kreislauf-Systems bei körperlicher Aktivität
5.3.1.1	Regulation des peripheren Gefäßwiderstandes
5.3.1.2	Veränderung des Kreislaufverhaltens bei körperlicher Aktivität
5.3.2	Wirkungen des Ausdauertrainings
5.3.2.1	Sportherz
5.3.2.2	Verbesserte Kapillarisierung in der Muskulatur
5.3.2.3	Biochemische Veränderungen in der Muskelzelle
5.4	**Formen des Ausdauertrainings**
5.4.1	Lokale Muskelausdauer
5.4.2	Die allgemeine Muskelausdauer
5.4.3	Trainingsmethoden für die Verbesserung der Ausdauer bei Leistungssportlern
5.4.4	Verbesserung der Ausdauerleistungsfähigkeit bei Untrainierten
5.5	**Der Schock als Störung des Herz-Kreislauf-Systems – Ursachen und Behandlung**
5.5.1	Ursachen des Schocks
5.5.2	Anzeichen des Schocks
5.5.3	Behandlung des Schocks
5.6	**Lernerfolgskontrolle**

Literaturhinweise

Sachwortverzeichnis

BAND III (MD 5124)

12   Die körperliche Aktivität beim Aufenthalt in der Höhe

12.0   Ziele
12.1   Physikalische Größen der Atmosphäre in der Höhe
12.2   Anpassungsvorgänge bei kurzfristigem Aufenthalt in der Höhe
12.3   Anpassungsvorgänge bei längerfristigem Aufenthalt in der Höhe
12.3.1   Höhentraining
12.4   Gefahren in der Höhe als Folge der geänderten klimatischen Bedingungen
12.5   Lernkontrolle

13   Die körperliche Aktivität beim Aufenthalt unter Wasser

13.0   Ziele
13.1   Physikalisch-chemische Eigenschaften des Wassers
13.2   Tauchen ohne Preßluftgerät
13.2.1   Physiologische Grundlagen
13.2.2   Grenzen der Leistungsfähigkeit beim Tauchen ohne Preßluftgerät
13.3   Tauchen mit Preßluftflasche und Lungenautomat
13.3.1   Physiologische Grundlagen
13.3.2   Wirkung der Partialdruckerhöhung der eingeatmeten Gase
13.4   Die Taucherkrankheiten
13.4.1   Gefahren beim Abtauchen in der Kompressionsphase
13.4.2   Gefahren beim Aufenthalt in der Tiefe
13.4.3   Gefahren beim Aufstieg aus der Tiefe
13.5   Lernkontrolle

14   Sauna und Massage und körperliche Aktivität

14.0   Ziele
14.1   Physiologische Grundlagen der Saunaanwendung
14.1.1   Wirkung der „Finnischen Sauna" in der Aufwärmphase

XI

14.1.2 Physiologische Reaktionen des Organismus in der Abkühl-
phase

14.2 Physiologische Grundlagen der Sportmassage
14.2.1 Techniken der Massage
14.2.2 Wirkungen der Massage
14.2.3 Besonderheiten der Sportmassage

14.3 Lernkontrolle

15 Grenzen der körperlichen Aktivität und Leistungsfähigkeit

15.0 Ziele

15.1 Definition der körperlichen Leistungsfähigkeit

15.2 Leistungsreserve und Leistungsbereitschaft

15.3 Leistungsgrenzen bei verschiedenen Formen der Beanspruchung
15.3.1 Leistungsgrenzen bei dynamischer Arbeit
15.3.2 Grenzen der Dauerleistungsfähigkeit
15.3.3 Grenzen der Leistungsfähigkeit bei statischer Haltearbeit

15.4 Ermüdung als Folge von Beanspruchungen im Grenzbereich

15.5 Lernkontrolle

16 Sinnesorgane und körperliche Aktivität

16.0 Ziele

16.1 Sehen und körperliche Aktivität
16.1.1 Physiologische Grundlagen des Sehens
16.1.2 Bedeutung der Augenbewegungen im Sport

16.2 Gleichgewichtsregulation und körperliche Aktivität
16.2.1 Physiologische Grundlagen der Gleichgewichtsregulation
16.2.2 Bedeutung der Gleichgewichtsregulation im Sport

16.3 Oberflächen- und Tiefensensibilität und körperliche Aktivität
16.3.1 Oberflächenrezeptoren
16.3.2 Tiefenrezeptoren

16.4 Integrative Leistungen verschiedener Sinnesorgane bei sportartspezifischen Bewegungsabläufen

16.5 Lernkontrolle

17 Gesundheitliche Aspekte des Alltags und Sports

17.0 Ziele

17.1 Definition der Gesundheit

17.2 Risikofaktoren

17.3 Störungen des Zuckerstoffwechsels (Diabetes Mellitus)

17.4 Arbeitsplatzgestaltung in der Schule

17.5 Schlaf und körperliche Leistungsfähigkeit

17.6 Biologische Rhythmik und körperliche Leistungsfähigkeit

17.7 Lernkontrolle

Vorwort zu Band II

Nach dem Beschluß der Ständigen Konferenz der Kultusminister mit der „Vereinbarung zur Neugestaltung der gymnasialen Oberstufe in der Sekundarstufe II" vom 7. Juli 1972 besteht auch im Fach Sport – wie in den anderen wissenschaftlichen Fächern – die Möglichkeit, Leistungskurse an den Gymnasien durchzuführen. Die Strukturierung der Lehrinhalte orientierte sich dabei an den sportwissenschaftlichen Teildisziplinen wie Sportpädagogik, Sportmedizin, Trainingslehre, Biomechanik/Bewegungslehre, Sportsoziologie und Sportpsychologie.

Wie in den geisteswissenschaftlichen Fächern, so ist auch im Bereich der naturwissenschaftlichen Disziplinen, der Sportmedizin und der Biomechanik/Bewegungslehre, ein immer noch anhaltendes Defizit an Fachliteratur zu verzeichnen, die sich unter geeigneten didaktisch-methodischen Modellen an die entsprechende Zielgruppe der Schüler in der gymnasialen Oberstufe wendet.

Die Autoren legen aus diesem Grund in zwei Bänden zunächst ausgewählte Fragestellungen der *Sportphysiologie* als Teilgebiet der Sportmedizin zur Grundlagenvermittlung vor. Innerhalb der in einzelne Lerneinheiten zusammengefaßten Themengruppen werden zuerst der anatomische Aufbau der Organsysteme, dann die Organfunktionen in Ruhe und bei körperlicher Aktivität und schließlich die trainingsbedingten Anpassungserscheinungen besprochen, soweit sie in direktem Zusammenhang zu sportphysiologischen Problemen stehen. Für die Darstellung aktueller Probleme aus der Sicht der Trainingspraxis sei auf das in diesem Verlag in der gleichen Reihe erschienene Buch „Trainingslehre" verwiesen.

Der vorliegende Band II beschäftigt sich mit dem Fragenkomplex der „Transportsysteme" Blut und Atmung, mit der Temperaturregulation, dem Energieumsatz, der Ernährung, der körperlichen Leistungsfähigkeit des jungen und alten Menschen und sportmedizinischen Untersuchungsmethoden.

Der Band I der *Sportphysiologie* bearbeitet nach einem einleitenden Kapitel in fünf Lerneinheiten das Skelettsystem, die Skelettmuskulatur, das Nervensystem und das Herz-Kreislauf-System unter dem Aspekt der körperlichen Aktivität im Sport.

Unser Dank gilt an dieser Stelle unseren Frauen einerseits für die „handwerkliche" Hilfe beim Erstellen des Manuskriptes. Andererseits brachten sie – die eine als Sportärztin, die andere als Studienrätin im Fach Sport „vor Ort" – viele, besonders praxisorientierte Verbesserungsvorschläge ein. Unser Dank gilt ebenso Frau *Richter*, Herrn *Erlemeyer*, Herrn *Gralla*

XV

und Herrn *Popp*, deren technische Hilfe sich als sehr nützlich erwies, und denjenigen Sportpädagogen, die bereit waren, die Konzeption der Bände an Beispielen im Unterricht zu erproben.
Dem Leser sind wir für Verbesserungsvorschläge und thematische Ergänzungen dankbar.

Prof. Dr. med. Horst de Marées
Dr. päd. Joachim Mester
Ruhr-Universität Bochum

Bochum, im Herbst 1981

Inzwischen sind Aktualisierungen notwendig geworden. Diese sind in der vorliegenden Zwischenauflage – zusammen mit Anregungen und Fehlerhinweisen aus dem Leserkreis – berücksichtigt.
Dem Leser sind wir – wie bisher – für Verbesserungsvorschläge und thematische Ergänzungen dankbar.

Bochum, im Frühjahr 1990

Prof. Dr. med. Horst de Marées
Ruhr-Universität Bochum

Prof. Dr. päd. Joachim Mester
Deutsche Sporthochschule Köln

Hinweise zur Bearbeitung des Buches

Die Konzeption dieses Buches entspricht nicht der allgemein üblichen Aufteilung zwischen Abbildungen und Text, wie sie in Lehrbüchern zu finden ist. In diesem Buch wurde eine Trennung gewählt zwischen

MATERIALSEITEN und TEXTSEITEN.

Dadurch besteht die Möglichkeit, die Textseiten zu bearbeiten, ohne den Lesefluß durch die Betrachtung der Abbildungen unterbrechen zu müssen. Auf den Materialseiten sind ergänzende Abbildungen, Tabellen sowie Tips und Hinweise zu verschiedenen Fragestellungen zu finden. Auf diese Weise wird es möglich, sich beim Lesen der Textseiten die notwendigen Basisinformationen einzuprägen, die dann durch die redundanten Inhalte der Materialseiten vertieft werden können. Um die Beziehung zwischen den Darstellungen der Probleme auf Material- und Textseiten für den Leser eindeutig zu gestalten, werden Referenzsymbole (Pfeile) verwendet, die sich auf Material- *und* Textseiten finden.

Die inhaltliche Gliederung des Stoffes erfolgt in *Lerneinheiten*. Am Anfang jeder Lerneinheit werden *Lernziele* formuliert, durch die der Leser über die Absichten informiert wird, die die Autoren mit der Stoffvermittlung der jeweiligen Lerneinheiten verfolgen.

Am Ende jeder Lerneinheit sind *Lernerfolgskontrollen* zu finden, die sich einerseits als Abbildungen an die Materialseiten anlehnen und sich andererseits als offene Fragen oder Lückentexte formal auf die Textseiten beziehen.

6. LE/1

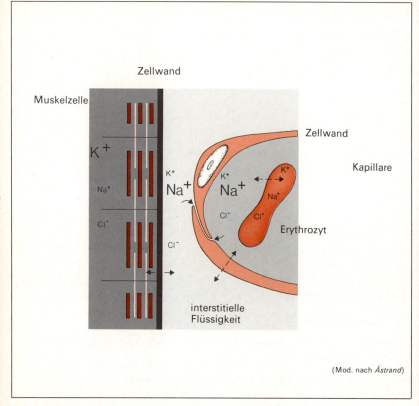

(Mod. nach *Åstrand*)

■ 1: Stoffaustausch zwischen Kapillare und Muskelzelle

Eine der wichtigsten Aufgaben des Blutes zur Versorgung des Organismus besteht darin, verschiedene Stoffe zu den Verbrauchsorten zu führen.

Im linken Teil der Abbildung ist das Sarkomer der Muskelzelle angedeutet, der rechte Teil repräsentiert die Kapillare.

Zwischen der Kapillare und der Muskelzelle befindet sich die interstitielle Flüssigkeit.

Im Inneren der Kapillare erkennen Sie neben den Symbolen für verschiedene Ionensorten ein rotes Blutkörperchen (Erythrozyt), das Sauerstoff abgibt. Die Pfeile kennzeichnen *Diffusionswege*.

Der *Sauerstoff* kann frei die Membran (Wand) der Kapillare durchdringen und zu seinem Verbrauchsort in der Muskelzelle gelangen.

Ebenso kann *Kohlendioxid* aus der Muskelzelle frei durch die Wand der Kapillare zum Erythrozyten hin diffundieren.

Auch *wasserlösliche Substanzen* wie Na^+ und Cl^- diffundieren durch die wassergefüllten Poren der Membran. In welchem Ausmaß die Moleküle die Wand durchdringen, hängt von deren Größe und von dem Konzentrationsunterschied ab, der zwischen dem Inneren und dem Äußeren der Kapillare besteht.

6. LE/2

6. Lerneinheit:

Voraussetzungen für das Verständnis der körperlichen Aktivität im Bereich von Blut und Atmung

6.0 Lernziele

Wenn Sie diese Lerneinheit durchgearbeitet haben, sollen Sie in der Lage sein,

– die physiologische Funktion des Blutes zu erläutern,
– die anatomischen Voraussetzungen des Atmungsvorgangs zu beschreiben sowie
– die Bedeutung der Atmung für die körperliche Aktivität zu definieren und
– den Einfluß von Training auf Blut und Atmung zu erläutern.

Sie haben in den vorangegangenen Lerneinheiten die Mechanik des Herzens und die Struktur der Gefäße kennengelernt, in denen der lebensnotwendige „Saft", das Blut, zu seinen Verbrauchsorten transportiert wird. Was macht aber das Blut so lebensnotwendig, welche Funktion besitzt es also, und wie ist es zusammengesetzt?

6.1 Funktion und Zusammensetzung des Blutes

Die Hauptfunktionen des Blutes sehen folgendermaßen aus. Das Blut besitzt **Transportfunktion** für:　■ 1

Nährstoffe:	Kohlenhydrate, Fette, Eiweiße
Stoffwechselprodukte:	z. B. Harnstoff, Laktat
Gase:	Sauerstoff, Kohlendioxid
Wirkstoffe:	Vitamine, Enzyme, Hormone
Abwehrstoffe:	z. B. in den weißen Blutkörperchen
Wasser	
Salze:	$NaCl$, Ca^{++}, Mg^+
Wärme	

Darüber hinaus besitzt das Blut **Abwehrfunktionen** bei Infektionen und durch die Fähigkeit zur Blutstillung eine **Schutzfunktion** vor Blutverlust. Ebenso hält es sein eigenes Säure-Basen-Gleichgewicht konstant leicht alkalisch **(pH-Wert-Regulation)**.

3

2: Rotes Blutkörperchen (Erythrozyt)

Die wichtigste Aufgabe der Erythrozyten besteht darin, das Hämoglobin, also den *roten Blutfarbstoff*, zu transportieren (s. auch Abb. 15).
Außer dem etwa 30%igen Anteil an Hämoglobin sind in dem Erythrozyten auch noch verschiedene *Ionenarten* (Na^+, K^+), *Eiweiß* und *Wasser* enthalten.
Die Erythrozyten werden im *roten Knochenmark* von Röhrenknochen, Brustbein und Wirbelknochen gebildet. Ihre Lebensdauer beträgt ca. 4 Monate.
Pro Minute werden ca. 150 Millionen Erythrozyten neu gebildet. Wirksamer Reiz für die Neubildung ist Sauerstoffmangel *(Hypoxie)*.

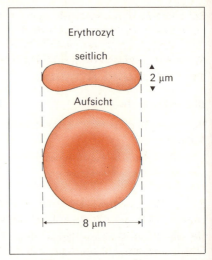

3: Passage der Erythrozyten durch enge Kapillaren

Erythrozyten können sich beim Durchfluß durch enge Kapillaren glockenförmig verformen. Mit dem eingedellten Zentrum vorweg passieren sie so strömungsgünstig selbst Kapillaren mit einem Durchmesser, der kleiner als der Erythrozytendurchmesser ist.

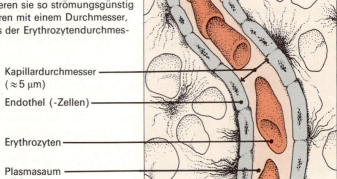

Kapillardurchmesser (≈ 5 μm)
Endothel (-Zellen)
Erythrozyten
Plasmasaum

6. LE/4

Bei einem 70 kg schweren Menschen macht die *Blutmenge* ca. 7–8% seines Körpergewichts aus. Das bedeutet, daß er ungefähr über 5 l Blut verfügt. Von diesen 5 l bestehen 55% aus einer *Blutflüssigkeit*, dem sog. *Plasma*. Die restlichen 45% sind *Blutzellen*, die in der Flüssigkeit schwimmen.

Blutzellen

Bei diesen Blutzellen unterscheidet man drei Arten mit ganz besonderen Aufgaben:
  I. Rote Blutzellen (Erythrozyten)
 II. Weiße Blutzellen (Leukozyten)
III. Blutplättchen (Thrombozyten).

Zu I.: Die **Erythrozyten** sind *kernlose, flache Scheiben* von 8 µm ■ 2 Durchmesser, deren Zentrum in der Mitte von beiden Seiten *eingedellt* ist. Der Mann besitzt ca. 5,5 Mill/µl, die Frau etwa 4,6–4,8 Mill/µl Blut. Die Oberfläche aller Erythrozyten eines Menschen zusammengelegt würde etwa die Hälfte eines Fußballfeldes bedecken (ca. 2500 m²).

Der Erythrozyt besteht zu einem Drittel aus **Hämoglobin** und stellt damit einen wichtigen Transportbehälter für diesen roten Blutfarbstoff dar, dessen Hauptaufgabe der **Gastransport** ist.

Zum Gastransport

– Das *Hämoglobin* ist in der Lage, Sauerstoff molekular anzulagern. Wenn sich die Erythrozyten auf ihrem Weg durch den Kreislauf in den Kapillaren der Lunge befinden, wird der *Sauerstoff* an das Hämoglobin angelagert.
  Aus der Lunge gelangen die Erythrozyten mit dem Blut in die Gewebe (z. B. die Muskulatur). Dort wird dann der Sauerstoff abgegeben.
– Im Gewebe wird *Kohlendioxid* zugeladen und hauptsächlich als Bikarbonat (HCO_3^-) mit dem Blutstrom zu den Lungenkapillaren transportiert. In der Lunge wird dann das Kohlendioxid abgegeben. Besonders gefährlich ist wegen der größeren Bindungsaffinität zum Hämoglobin das *Kohlenmonoxid*, das z. B. auch mit dem Zigarettenrauch eingeatmet wird. Schon 0,1% CO in der Einatmungsluft genügen, um 60% des Hämoglobins für den Sauerstofftransport zu blokkieren.

6. LE/5

■ 4: Granulozyten und Lymphozyten als Beispiele für weiße Blutkörperchen (Leukozyten)

Die Struktur der weißen Blutkörperchen ist nicht so einheitlich wie die der roten Blutkörperchen.
Die wichtigsten Vertreter der Leukozyten sind Granulozyten und Lymphozyten. Sie weisen keine einheitliche Form der Zellkerne auf.
Die *Granulozyten* werden im Knochenmark gebildet, und ihre Lebensdauer beträgt 6–10 Tage.
Die *Lymphozyten* entstammen u. a. dem Lymphsystem (Lymphknoten) und der Milz. Ihre Lebensdauer wird mit 5 bis mehr als 100 Tage angegeben.

Granulozyten mit segmentiertem Zellkern

Lymphozyten mit kompaktem Zellkern

(Nach *Faller*)

■ 5: Schematische Darstellung der relativen Häufigkeit der einzelnen Blutzellen

Die beiden eingekreisten Gebilde stellen *weiße Blutkörperchen* (Leukozyten) dar. Sie sind von einer „Übermacht" von ≈ 1200 *roten Blutkörperchen* (Erythrozyten) umgeben, die durch die roten Punkte repräsentiert werden.
In Wirklichkeit müßten die Punkte, die die roten Blutkörperchen symbolisieren, noch größer sein, da sie tatsächlich ca. 50% des Gesamtvolumens ausmachen.
Die unregelmäßig geformten weißen Flecken sind die *Blutplättchen*. Sie werden im Knochenmark gebildet, und ihre Lebensdauer beträgt ca. 5 Tage.

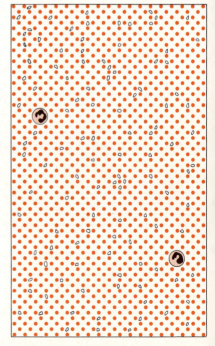

6. LE/6

Zu II.: Die **Leukozyten** weisen *keine einheitliche Zellform* auf. Ihre Zahl ist bei weitem nicht so groß wie die der Erythrozyten. Sie beträgt ca. 5000–10 000/µl Blut. Die wichtigsten Arten der Leukozyten sind die sog. **Granulozyten** und die **Lymphozyten**. ■ 4

Die *Granulozyten* machen ca. 50–70% der Leukozyten aus. Sie werden im Knochenmark gebildet, und ihre Zellgröße beträgt etwa 10 µm.
Die *Lymphozyten* stellen 20–40% des Anteils der Leukozyten und werden in den Lymphknoten, dem Knochenmark und der Milz gebildet. Die meisten Zellen sind etwas kleiner als 7 µm.

Die Hauptaufgabe der Leukozyten besteht darin, den Organismus vor Infektionen zu schützen. Granulozyten gehören zum *unspezifischen* Abwehrsystem.

Diese *Schutzfunktion* läuft in drei Abschnitten ab:

1. Die *Granulozyten* treten durch die Wände der Gefäße hindurch. Dieser Prozeß wird *Diapedese* genannt.
2. Das zweite Stadium wird als *Chemotaxis* bezeichnet. Von chemischen Veränderungen aktiviert, wandern diese Zellen zum Entzündungsort.
3. Am Ort der Entzündung werden jetzt die eingedrungenen Bakterien und Zellbruchstücke von den Granulozyten umschlossen. Dieser entscheidende Vorgang ist die *Phagozytose*. Die Granulozyten gehen zugrunde und bilden mit Bakterien und Zellbruchstücken den *Eiter*.

Lymphozyten gehören zum *spezifischen* Abwehrsystem. Ihr T-Typ „killt" andere, als fremd erkannte Zellen und hilft dem zweiten Lymphozytentyp, der sog. B-Form, auf eingedrungene Fremdstoffe (Antigene) spezifische Antikörper (Eiweiße, sog. Immunglobuline) zu bilden. Durch die Antikörper werden die Antigene z. B. durch Zusammenballung unschädlich gemacht. Lymphozyten sind bei chronischen Infektionen vermehrt im Blut anzutreffen.

Zu III.: Neben den weißen und roten Blutkörperchen läßt sich noch eine weitere Art von Blutzellen identifizieren: die **Thrombozyten** oder *Blutplättchen*. Sie stellen unregelmäßig geformte Scheiben von 2–4 µm Durchmesser dar. Ihre Anzahl beträgt etwa 200 000–400 000/µl Blut. Sie werden im Knochenmark gebildet.

Die Aufgabe der Thrombozyten besteht darin, die ersten Phasen der *Blutgerinnung* zu beschleunigen.

Blutplasma

Wenn die Blutzellen aus dem Blut entfernt werden, erhält man das Blutplasma, das zu 91% aus Wasser und zu 9% aus festen Bestandteilen zusammengesetzt ist. ■ 5

Die wichtigsten Aufgaben des Plasmas bestehen darin, Substanzen, insbesondere *Baustoffe* (Eiweiß) und *Nährstoffe* (Zucker, Fette), zu transportieren und wichtige *Stoffe für die Blutgerinnung* mitzuführen.

6: Konzentration der Elektrolyte und Nicht-Elektrolyte im menschlichen Blutplasma

Bei den Kationen stellt das Natrium den größten Anteil im Plasma. Die Konzentrationen von Kalium, Calcium und Magnesium sind weitaus geringer.
Im Bereich der Anionen sind vor allem Chlorid und Bicarbonat stark vertreten. Phosphat und Sulfat stellen einen geringen Anteil der Anionen.
Die Zahlen verdeutlichen mit 6500 bis über 8000 mg/100 ml Plasma die hohe Konzentration von Eiweiß. Im Bereich der Nicht-Elektrolyte sind vor allem Glucose und Harnstoff vertreten.

Substanzen	mg in 100 ml Blutplasma
Elektrolyte Kationen	
Natrium	328
Kalium	18
Calcium	10
Magnesium	2
Anionen	
Chlorid	365
Bicarbonat	61
Phosphat	4
Sulfat	2
Org. Säuren	
Eiweiß	6500 bis über 8000
Nicht-Elektrolyte Glucose	90–100
Harnstoff	40

7: Verhalten der Antikörperbildung nach einer Infektion mit Influenza-Viren (Grippeviren)

Die Ergebnisse, die in der Abbildung zusammengefaßt sind, wurden nach Versuchen mit Grippe-Infektionen in den Lungen von Mäusen gewonnen.
Die Infektion hat zwischen dem 2. und dem 4. Tag ihren Höhepunkt erreicht. Im Bereich der gesamten ersten Woche nach Beginn der Infektion sind nur Spuren von Antikörpern im Organismus zu finden.
Etwa am siebten Tag ist infolge der *Immunreaktion* ein deutlicher Anstieg der Antikörperproduktion festzustellen.

Gleichzeitig mit dem Anstieg der Antikörper verliert die Infektion an Wirkung.

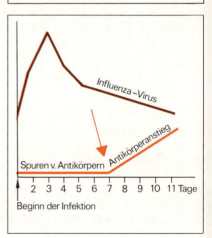

6. LE/8

Das *Eiweiß* ist in hoher Konzentration enthalten (6,5–8,3 g/100 ml).

Die Eiweißmoleküle passieren nur in geringer Menge die Wand der Kapillare. Wegen ihrer Größe können sie die Kapillarwand nicht so frei durchdringen wie z. B. Salze. Aus diesem Grund entsteht ein *kolloidosmotischer Druck* von 25 mm Hg ($\approx$ 3,3 kPa), der für den Austausch von Flüssigkeiten zwischen Kapillare und z. B. Muskelzelle von Bedeutung ist (s. 5. LE, Bd. I).

Im Plasma sind darüber hinaus neben den Elektrolyten (Na$^+$ und Cl$^-$) ■ 6 und Glucose noch freie Fettsäuren, Aminosäuren, Hormone, Enzyme und andere Elektrolyte zu finden.

6.1.1 Abwehrfunktion des Blutes

In einigen Sportarten sind relativ *hohe Unfall- und Verletzungszahlen* zu verbuchen, aber auch im täglichen Leben bestehen viele Unfallgefahren. Bei den meisten Verletzungen gelangen körperfremde Stoffe, wie Bakterien, Fremdeiweiß und andere chemische Substanzen, in die Blutbahn. Besäße der Organismus nicht eine eigene *„Gesundheitspolizei"*, so hätten kleine Verletzungen (Schnitt in den Finger) u. U. tödliche Folgen.

Wenn körperfremde Stoffe in den Organismus eindringen, lösen sie ■ 7 durch die Lymphozyten in Milz, Lymphknoten, Knochenmark und Leber eine spezifische Reaktion aus, die sog. **Immunreaktion**. ⟵

Dabei werden *Antikörper* (Immunglobuline) gebildet, die als „Gesundheitspolizei" die eingedrungenen Stoffe *(Antigene)* unschädlich machen. Die Reaktion eines Antikörpers mit seinem zugehörigen Antigen wird Antigen-Antikörper-Reaktion genannt.

Diese Reaktion kann grundsätzlich auf zwei Wegen ablaufen:

1. Gegen bestimmte Antigene werden von sog. *Plasmazellen*, die aus sog. *B*-Lymphozyten entstehen, spezifische Antikörper gebildet, die gleiche oder ähnliche Antigene unwirksam machen. Diese Reaktion wird als **spezifische humorale Abwehr** bezeichnet.

2. Die zweite Möglichkeit besteht darin, daß Antikörper an der Oberfläche von *Lymphozyten*, sog. *T*-Lymphozyten, liegen und Antigene durch Anlagerung unschädlich machen. Diese Reaktion heißt **spezifische zelluläre Abwehr**.

Diese Reaktionen können aber nur wirksam werden, wenn dem Abwehrsystem die „Eindringlinge" bekannt sind, d. h., es muß schon einmal eine Auseinandersetzung mit den speziellen Antigenen stattgefunden haben. Dieser Tatsache wird bei der **aktiven** und **passiven Immunisierung** Rechnung getragen.

9

6. LE/9

■ 8: Vorgang der Blutstillung

Im ersten Teil der Abbildung ist das unverletzte Gefäß mit dem strömenden Blut symbolisiert.

Im zweiten Teil ist es zu einer Verletzung des Gewebes mit einer Eröffnung des Gefäßes gekommen. Blut strömt aus der Wunde heraus.

Im Bereich der verletzten Stelle tritt nun eine Verengung der Gefäße *(Vasokonstriktion)* ein, wodurch der Blutdruck in diesem Gefäßabschnitt sinkt und die Blutgerinnung einsetzt. Es bildet sich ein Maschenwerk aus Fibrin, der *Thrombus,* der das „Leck" abschließt.

Im Bereich der verletzten Stelle fließt nur noch ein geringes Blutvolumen. Auf diese Weise kann die Blutung zum Stehen gebracht werden. Dieser Mechanismus funktioniert bei der Verletzung großer Arterien *nicht*! Die Blutung muß hier, z. B. durch *Abbinden*, zum Stehen gebracht werden.

■ 9: Vorgang der Blutgerinnung
Wie kommt es zur Bildung des Thrombus an der Stelle der Gefäßverletzung?

$$\text{Prothrombinumwandlungsfaktor} + Ca^{++}$$
$$\downarrow$$
$$\text{Prothrombin} \longrightarrow \text{Thrombin}$$
$$\downarrow$$
$$\text{Fibrinogen} \longrightarrow \text{Fibrin}$$
$$\downarrow$$
$$\text{Retraktion}$$

Nach der Verletzung kleiner Blutgefäße stoppt die Blutung beim gesunden Menschen nach 1–3 min. Die an den Wundrändern angelagerten Thrombozyten zerfallen und setzen Substanzen frei, die mit Stoffen aus dem Serum den sog. *Prothrombinumwandlungsfaktor* bilden. Dieser überführt zusammen mit *Calcium* das inaktive Ferment *Prothrombin* in aktives *Thrombin*.

Das Thrombin läßt aus dem löslichen *Fibrinogen* unlösliches fadenförmiges *Fibrin* entstehen. Das klebrige Fibrin legt sich netzartig in der Gefäßwunde ab und verschließt diese.

Fehlt einer der Faktoren des hier vereinfacht dargestellten Schemas, so läuft die Blutgerinnung im Rahmen der Blutstillung *verlangsamt* ab, und es besteht die Gefahr größerer Blutverluste selbst aus kleinen Wunden.

Nachdem die Blutung durch die Gefäßverengung und die Thrombusbildung zum Stehen gebracht worden ist, läßt die Gefäßverengung nach. Wenn jetzt nicht andere Mechanismen eingreifen würden, bestünde die Gefahr, daß es aus der Wunde erneut blutet. Zu diesen Mechanismen gehört die *Zusammenziehung (Retraktion) des Fibrinnetzwerkes* im Wundgebiet. Dadurch werden die Blutgerinnsel mechanisch verfestigt und die Wundränder einander angenähert.

6. LE/10

Aktive und passive Immunisierung

1. Bei der *aktiven Immunisierung* gegen lebensbedrohende Infektionen werden abgeschwächte, aber lebende Erreger oder Substanzen (Antigene) aus diesen „geimpft". Es kommt zu einer *Antikörperbildung* gegen die speziellen Erreger. Das Verfahren wird z. B. bei der Immunisierung gegen Tuberkulose, Kinderlähmung, Masern, Wundstarrkrampf (Tetanus) und Diphtherie angewendet.

2. Bei dem Verfahren der *passiven Immunisierung* verabfolgt man Antikörper, die von Versuchstieren bereits gegen das spezielle Antigen gebildet wurden (Immunglobuline). Im Gegensatz zur aktiven Immunisierung wird der Schutz bei der passiven Immunisierung *sofort wirksam*, hält aber nur kurze Zeit an.
Da selbst bei kleinen Hautabschürfungen die gefährlichen Erreger des Wundstarrkrampfes eindringen können, sollte jeder Sporttreibende gegen Tetanus aktiv immunisiert sein (s. ■ 93, Bd. I).

6.1.2 Der Vorgang der Blutstillung

Wenn Sie sich erinnern, daß ein Blutverlust von 30%, also ca. 1,5 l, lebensgefährdend ist, können Sie sich vorstellen, welche Bedeutung die „automatische" Blutstillung hat, die der Organismus selbst einleitet.

Bei der Blutstillung müssen wir die Vorgänge der Gefäßverengung, der ■ 8 Thrombozytenablagerung und der Blutgerinnung voneinander unterscheiden.

Wenn bei einer Verletzung Gefäße geöffnet worden sind, kommt es zunächst zu

– einer **Gefäßverengung** durch Kontraktion der Gefäßwandmuskulatur vor und hinter der verletzten Stelle, wodurch der Blutdruck in diesem Bereich absinkt, und zu

– einer **Ablagerung von Thrombozyten** an den Wundrändern. Auf diese Weise kommt, von großen arteriellen Blutungen abgesehen, die Blutung zum Stehen.
■ 9

Jetzt kann der **chemische Vorgang der eigentlichen Blutgerinnung** eingeleitet werden. Sie hat das Ziel, um die Wunde herum ein dichtes Faserwerk zu bilden, das die verletzte Gefäßstelle verschließt.

a) Dieser Vorgang läuft so ab, daß zunächst aus den *Thrombozyten* verschiedene Substanzen frei werden, die mit Substanzen des Serums den *Prothrombinumwandlungsfaktor* bilden.

b) Dadurch wird das in der Leber gebildete Ferment *Prothrombin* zu aktivem *Thrombin* umgewandelt. Dieses wandelt wiederum das im Blut vorhandene gelöste Eiweiß *Fibrinogen* zu fadenförmigem *Fibrin* um, welches schließlich dann ein dichtes *Faserwerk* im Bereich der verletzten Gefäßstelle bildet.

c) In dieses Faserwerk werden Blutzellen eingelagert. So entsteht ein Blutgerinnsel, der *Thrombus,* der sich durch *Zusammenziehen der Fibrinfäden* verfestigt.

11

10: Berechnung des Gaspartialdruckes für Sauerstoff

In der Einatmungsluft befinden sich 20,9% O_2. Geht man davon aus, daß der Luftdruck 99 kPa beträgt, so läßt sich aus dem Verhältnis zwischen Gaspartialdruck und Luftdruck auf der einen Seite und dem Verhältnis von Sauerstoffgehalt und Gesamtluftvolumen auf der anderen der Sauerstoffpartialdruck berechnen. *Es verhält sich der Partialdruck für O_2 zum Gesamtluftdruck wie der Volumenanteil des O_2 zum Gesamtluftvolumen.*

Einatmungsluft: 20,9% O_2
Luftdruck: 99 kPa ($\approx$ 740 mm Hg)
(ohne Wasserdampf)

$$\frac{P_{O_2}}{99 \text{ kPa}} = \frac{20{,}9\% \; O_2}{100 \text{ Vol.-}\%}$$

$$P_{O_2} = \frac{20{,}9 \cdot 99 \text{ kPa}}{100}$$

$$P_{O_2} = 20{,}7 \text{ kPa}$$

11: Gaspartialdruck in den Lungenalveolen und den Lungengefäßen

Der linke Teil symbolisiert die vom rechten Herzen kommende Lungenarterie, der rechte Teil die zum linken Herzen führenden Lungenvenen. In der Mitte befinden sich die von den Kapillaren umflossenen Alveolen. Durch den Gasaustausch in der Lunge verändern sich die Partialdrücke für O_2 und CO_2 im Blut. CO_2 wird an die Lunge abgegeben und O_2 aufgenommen.

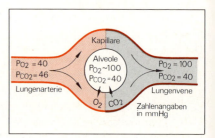

12: Partialdruckgefälle für Sauerstoff zwischen Alveole und Kapillare

In der Alveole beträgt der O_2-Partialdruck 100 mm Hg ($\approx$ 13,3 kPa) und in der Kapillare 40 mm Hg ($\approx$ 5,3 kPa).
Dieses Druckgefälle führt dazu, daß Sauerstoff durch die Wände der Alveolen und der Kapillaren hindurch in das Blut diffundieren kann.

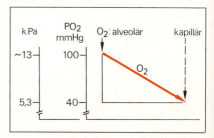

13: Partialdruckgefälle für Kohlendioxid zwischen Alveole und Kapillare

Der CO_2-Partialdruck beträgt in der Alveole 40 mm Hg ($\approx$ 5,3 kPa) und in der Kapillare 46 mm Hg ($\approx$ 6,1 kPa).
Das Partialdruckgefälle für CO_2 ist in die Alveolen gerichtet. Folglich diffundiert CO_2 aus den Kapillaren in die Alveolen der Lunge.

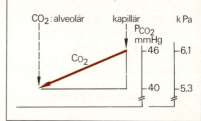

6. LE/12

6.1.3 Der Transport von Gasen im Blut

Sie haben bereits gesehen, daß eine der wichtigsten Aufgaben des Blutes darin besteht, Sauerstoff zu den Verbrauchsorten hinzutransportieren und Kohlendioxid (CO_2) von dort abzutransportieren. Wie kommt es nun dazu, daß „selbständig" in der Lunge das CO_2 aus dem Blut abgeladen und der Sauerstoff zugeladen wird?

Die treibenden Kräfte für diesen Gasaustausch sind die sog. **Gaspartial-** ■ 10
drücke für O_2 und CO_2.

Gaspartialdruck: Die verschiedenen Gase in der Luft besitzen einen unterschiedlichen Volumenanteil am Gesamtvolumen der Luft. Diesem Volumenanteil entsprechend üben sie auch nur einen Teil des Gesamt-luftdruckes aus. Dieser Teil wird als Gasteildruck oder Gaspartialdruck bezeichnet.

Die Gasmoleküle des Sauerstoffs und des Kohlendioxids „bewegen" sich ■ 11
an ihren „Umladestationen" [z. B. Muskulatur und in der Lunge (Alveo- ■ 12
len)] entsprechend ihrem *Druckgefälle*. ■ 13

Im *venösen Blut,* das aus der rechten Herzkammer zu den Kapillaren der Lunge fließt, beträgt der Gaspartialdruck für Sauerstoff (P_{O_2}) 40 mm Hg ($\approx 5,3$ kPa) und für Kohlendioxid (P_{CO_2}) 46 mm Hg ($\approx 6,1$ kPa). In den *Lungenbläschen* (Alveolen) ist der O_2-Partialdruck mit 100 mm Hg ($\approx 13,3$ kPa) größer und der CO_2-Partialdruck mit 40 mm Hg ($\approx 5,3$ kPa) kleiner als im venösen Blut. Folglich diffundiert in der Lunge O_2 ins Blut und CO_2 aus dem Blut in die Alveolen.

Nach der Passage durch die Lungenkapillaren haben sich die Werte ver-ändert. Der Gaspartialdruck für Sauerstoff ist gestiegen und beträgt nun im *arteriellen* Blut 100 mm Hg ($\approx 13,3$ kPa), und derjenige für Kohlendi-oxid ist gefallen und beträgt nur noch 40 mm Hg ($\approx 5,3$ kPa). Die beiden Gase können also nur dann zu- bzw. abgeladen werden, wenn ein ent-sprechendes Partialdruckgefälle vorliegt.

Der „Entladungsvorgang" für CO_2 und der „Beladungsvorgang" für O_2 muß relativ *rasch* ablaufen, da die Kontaktzeit zwischen dem Blut und den benachbarten Al-veolen nur ca. 0,8 s beträgt.

Schon nach der kurzen Zeit von 0,1 s ist CO_2 soweit aus dem Blut „abgeladen", daß der Partialdruck für CO_2 im Blut und in den Alveolen gleich hoch ist, d. h., der „Entladungsvorgang" ist beendet.

Nach 0,3 s ist auch der „Beladungsvorgang" für O_2 beendet. Das bedeutet, daß die Partialdrücke für Sauerstoff im Blut und in den Alveolen sich angeglichen haben.

Da nicht das gesamte sauerstoffarme Blut an belüfteten Alveolen vorüberfließt, er-reicht die O_2-Sättigung des Blutes auch nicht 100%, sondern nur 95–98%.

13

14: Verbindung zwischen Hämoglobin und Sauerstoff

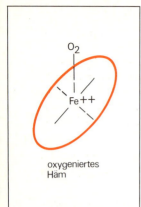

oxygeniertes Häm

Bei der Verbindung zwischen Sauerstoff und Hämoglobin lagern sich O_2-Moleküle locker an das zweiwertige Eisen (Fe^{++}) des Hämoglobins an. Dieser Vorgang wird *Oxygenation* genannt und vollzieht sich im Blut der *Lungenkapillaren*.
Die Abspaltung von O_2-Molekülen bezeichnet man als *Desoxygenation*. Dieser Prozeß läuft z. B. in der *Muskelkapillare* ab, wobei der zur Versorgung der Muskulatur benötigte Sauerstoff bereitgestellt wird.
Ohne Hämoglobin können von 5 l Blut nur 15 ml O_2 im Plasma transportiert werden. Das deckt nicht einmal 10% des O_2-Bedarfs. *Mit* Hämoglobin transportieren 5 l Blut unter normalen Bedingungen 1000 ml O_2, wovon in Ruhe nur 25% benötigt werden.

15: Sauerstoffbindungskurve des Blutes

Auf der Abszisse sind der Partialdruck für O_2, der Luftdruck und die entsprechenden Angaben für die Meereshöhe aufgetragen. Auf der linken Ordinate erscheint der arterielle O_2-Gehalt und auf der rechten die Sauerstoffsättigung des Hämoglobins.
Die O_2-Bindungskurve weist einen *S-förmigen Verlauf* auf. Die Sauerstoffsättigung beträgt in Meereshöhe bei dem normalerweise im Blut vorhandenen O_2-Partialdruck fast 100%.
Die O_2-Bindungskurve verläuft dann horizontal. Relativ große Abnahmen des P_{O_2} führen in diesem flachen Bereich der Kurve zu einer nur geringen Abnahme der O_2-Sättigung. Die Verringerung des P_{O_2} auf die Hälfte zieht eine Verringerung der O_2-Sättigung um nur 20% nach sich. Das erklärt, weshalb das Blut in Höhen bis 4000 m trotz starker Abnahme des O_2-Partialdrucks auf die Hälfte noch zu 80% mit O_2 gesättigt ist und so den Körperorganen noch ausreichend O_2 zur Verfügung gestellt werden kann.

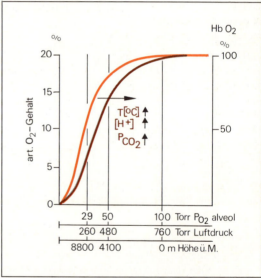

Können Sie sich jetzt erklären, weshalb es möglich ist, nach entsprechender Vorbereitung Berge von 8000 m Höhe auch ohne künstliche Sauerstoffzufuhr zu besteigen? Bei P_{O_2}-Werten zwischen 10–40 mm Hg ($\approx$ 1,3–5,3 kPa) verläuft die Kurve sehr steil, d. h. die Sauerstoffsättigung nimmt rasch ab: so wird die O_2-Abgabe an das Gewebe begünstigt.

6. LE/14

6.1.4 Die Sauerstoffbindungskapazität des Blutes

Wie sieht nun der Beladungsvorgang für Sauerstoff genauer aus, und welche Drücke müssen vorhanden sein?

Vor dem „Beladungsvorgang" befindet sich der Sauerstoff in den gasgefüllten Alveolen der Lunge. Um in das Blut zu gelangen, das in den Kapillaren an den Alveolen vorbeiströmt, muß der Sauerstoff durch die Wand der Alveolen *diffundieren*. So ins Blut gelangt, wird der Sauerstoff zunächst im Plasma *physikalisch gelöst* und anschließend *in die Erythrozyten transportiert*.

■ 14

In den Erythrozyten lagern sich die O_2-Moleküle an das zweiwertige Eisen (Fe^{++}) des *Hämoglobins* an. Dieser Vorgang wird **Oxygenation** genannt (gr.: oxygen = Sauerstoff).

Um nun errechnen zu können, wieviel Sauerstoff insgesamt im Blut transportiert werden kann, müssen Sie wissen, daß *1 g Hämoglobin ca. 1,3 ml O_2* binden kann. Da in 100 ml Blut etwa 15 g Hämoglobin vorhanden sind, können also in dieser Menge Blut *maximal* 20 ml O_2 chemisch gebunden werden. Diese Größe wird als **Sauerstoffkapazität** bezeichnet.

Ob das Blut maximal mit Sauerstoff „aufgeladen" werden kann, hängt von den *Druckverhältnissen* ab.

■ 15

Wenn z. B. *in großen Höhen* der Sauerstoffpartialdruck in der Luft sinkt, so verringert sich auch der O_2-Partialdruck in den Alveolen der Lunge, und die gebundene O_2-Menge im Blut sinkt ebenfalls, d. h., es kann nur ein Teil der O_2-Kapazität des Blutes genutzt werden. Das Blut ist dann nicht maximal gesättigt. Allerdings reicht der O_2-Partialdruck z. B. in Höhen bis zu 4200 m immer noch aus, um das Blut bis zu 80% seiner Kapazität zu sättigen.

Die **O_2-Bindungskurve** kann nach rechts verlagert werden, d. h., bei *gleichem* O_2-Partialdruck kann *mehr* O_2 an das Gewebe abgegeben werden, wenn

– der CO_2-Partialdruck,
– die Wasserstoffionenkonzentration bei Säureanfall und
– die Temperaturen steigen.

Innerhalb der Muskelzelle wird der Sauerstoff auch bei niedrigem O_2-Teildruck durch den roten Muskelfarbstoff, dem *Myoglobin*, transportiert.
Bei *Muskelarbeit* steigt die Konzentration der Wasserstoffionen (H$^+$-Ionen), und mehr CO_2 fällt an. Außerdem kann sich die Bluttemperatur bis zu 40 °C erhöhen. Aus diesen Gründen kann bei **körperlicher Aktivität mehr Sauerstoff an das Gewebe abgegeben** werden.

Der **Rücktransport** des CO_2 erfolgt teilweise gebunden an das *Hämoglobin* in den Erythrozyten. Zusätzlich wird das CO_2 im Blutplasma chemisch gelöst und als *Bicarbonat* (HCO_3^-) zur Lunge zurückgeführt.

15

6. LE/15

■ 16: Atemwege und Lunge

Die Atemluft wird entweder durch die Nase oder durch den Mund eingeatmet und passiert zunächst die oberen Atemwege mit *Nasenhöhle* (resp. Mundhöhle), *Rachen* und *Kehlkopf*. Hauptsächlich in den oberen Atemwegen wird die Luft erwärmt, angefeuchtet und gesäubert.

Anschließend gelangt die Luft in die unteren Atemwege, die aus *Luftröhre*, *Luftröhrenästen* (Bronchien) und *Lungenbläschen* (Alveolen) bestehen.

Im Bereich der unteren Atemwege findet der Weitertransport der Atemluft in die *Alveolen* statt, wo der *Gasaustausch* durchgeführt wird.

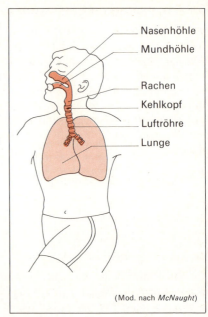

(Mod. nach *McNaught*)

■ 17: Wege der Atemluft durch Mund und Nase

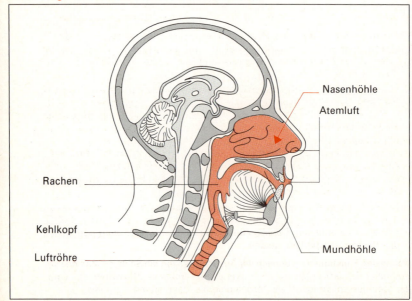

16

6. LE/16

6.2 Einteilung und Funktion der Atemwege

Wenn Sie sich körperlich belasten, stellen Sie fest, daß Sie häufiger und tiefer als in Ruhe atmen. Ihre Atmung hat sich der erhöhten körperlichen Aktivität angepaßt. Der Grund dafür wird Ihnen nach den o. g. Erläuterungen klar: *Es muß vermehrt CO_2 abgeatmet und O_2 aufgenommen werden.* Allerdings kann der Organismus die Luft, so wie sie in der Umgebung ist, nur bedingt verwerten. Sie muß zuvor angewärmt, angefeuchtet und gesäubert werden. Zu diesem Zweck wird die Luft auf ganz bestimmten „Kanälen" der Lunge zugeführt. Diese „Kanäle" sind die *Atemwege,* die man in die *oberen* und *unteren Atemwege* unterteilt.

■ 16

6.2.1 Die oberen Atemwege

Zu den oberen Atemwegen gehören:

1. Die beiden Nasenhöhlen
2. Der Rachen *(Pharynx)*

Der Kehlkopf (Larynx) stellt die Verbindung zwischen oberen und unteren Atemwegen her.

Zu 1: Die Nasenschleimhaut in der **Nasenhöhle** ist mit *Flimmerhaaren* überzogen, wobei die *Nasenmuscheln* in die Nasenhöhle vorragen und so die Oberfläche der *Schleimhaut* vergrößern.

■ 17

In der Nasenhöhle wird die Luft erwärmt, angefeuchtet und gesäubert.

– Auf dem Weg in die Lunge muß die Luft auf Körperkerntemperatur (37 °C) **angewärmt** werden. Diese Aufgabe wird von der Nasenschleimhaut und der Schleimhaut der unteren Atemwege übernommen, die stark von Gefäßen durchzogen sind.

– Diese Schleimhäute übernehmen es ebenfalls, die eingeatmete Luft **anzufeuchten**. Die Nasenatmung hat den Vorteil, daß die eingeatmete Luft bereits im Rachen auf 37 °C erwärmt und angefeuchtet, d. h. mit Wasserdampf gesättigt wird. Bei der Rachenatmung muß die Luft in den unteren Abschnitten der Atemwege angefeuchtet werden.
Dabei droht eine Austrocknung der Schleimhaut in den tieferen Abschnitten der Atemwege, gefolgt von einer Schleimhautentzündung im Kehlkopf-, Luftröhren- und Bronchialbereich. Diese Gefahr besteht besonders bei der Einatmung trockener Luft in mittleren bis größeren Höhen.

– Die **Säuberung** der eingeatmeten Luft wird ebenfalls von den Schleimhäuten durchgeführt. Ein dünner Schleimfilm auf der Schleimhaut führt dazu, daß die Staubpartikel anhaften. Danach können sie zu den Nasenlöchern oder gegen den Rachen transportiert werden.

Neben den Funktionen im Bereich der Atmung besitzen die Schleimhäute der Nasenhöhlen an bestimmten Stellen auch noch Riechfunktion. Die Nasennebenhöhlen beeinflussen zusätzlich als Resonatoren die Klangfarbe der Stimme.

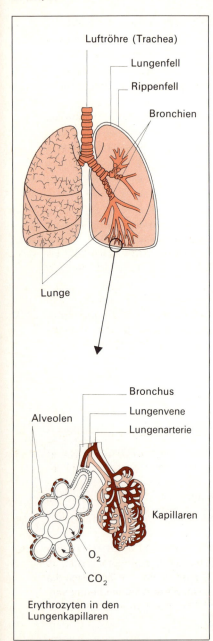

18: Luftröhre, Lunge und Luftröhrenäste (Bronchien)

Die ca. 20 cm lange Luftröhre teilt sich in die beiden Luftröhrenäste *(Stammbronchien)* für den rechten und linken Lungenflügel.

Die Stammbronchien verzweigen sich weiter bis in die *Endbronchien,* wo schließlich die Lungenbläschen *(Alveolen)* ansetzen, die von einem dichten Netz von Kapillaren umgeben sind.

Die Aufgabe der Lunge besteht darin, das venöse Blut mit Sauerstoff anzureichern und das aus dem Blut diffundierende CO_2 wegzuschaffen.

Dazu muß in jeder Minute ein ausreichend großes Luftvolumen gleichmäßig auf die vielen hundert Millionen Alveolen verteilt werden.
Die Endverzweigungen der Bronchien mit den Alveolen und den Kapillaren sehen Sie als vergrößerten Ausschnitt in der unteren Abbildung.

19: Endverzweigung der Bronchien

Die Bronchien verzweigen sich schließlich bis in feinste Äste, an die sich die *Lungenbläschen* (Alveolen) anschließen.
Um diese Lungenbläschen herum befindet sich ein dichtes Netz von haarfeinen Blutgefäßen, den *Kapillaren.*

Zwischen den Kapillaren und den Alveolen vollzieht sich nun der Gasaustausch.

Aus den Alveolen tritt Sauerstoff in das Blut der Lungenkapillaren über, und von dort diffundiert CO_2 in die Lungenalveolen.

6. LE/18

Zu 2.: Der obere Abschnitt des **Rachens** schließt sich an die beiden *Nasenhöhlen* an. In die mittlere Etage mündet die *Mundhöhle*. Hier kreuzen sich der *Atemweg* und der *Speiseweg*.

Die Speisen wandern durch den unteren Rachenabschnitt nach dorsal (rückenwärts) in die Speiseröhre. Die Atemluft strömt nach ventral (bauchwärts) in den *Kehlkopf*.

Der Rachen hat also die Aufgabe, den Luftstrom auf seinem Weg in die Lunge weiterzuleiten.

Der **Kehlkopf** schließt sich nach vorn an den Rachen an und besteht aus mehreren Knorpeln. Diese bilden zusammen mit dem Zungenbein das *Kehlkopfskelett*.

Der *Ringknorpel* bildet die Basis des Kehlkopfes und formt sich vorne zu einem Ring und hinten zu einer Platte, auf der beweglich die beiden *Stellknorpel* sitzen. Nach vorn oben schließt sich über dem Ringknorpel der *Schildknorpel* an.
Die *Stimmbänder* sind zwischen den Stellknorpeln und der Innenseite des Schildknorpels ausgespannt. Durch kleine Muskeln, die an den Stellknorpeln ansetzen, kann die *Stimmritze,* die zwischen den Stimmbändern liegt, geöffnet und geschlossen werden.

Der Kehlkopf verbindet die oberen und die unteren Atemwege und schafft so einen Durchgang für die Atemluft. Außerdem schützt er die unteren Atemwege durch den Hustenreflex bei eingedrungenen Fremdkörpern. Darüber hinaus bildet er den Sitz des Stimmorgans.

6.2.2 Die unteren Atemwege

Zu den unteren Atemwegen gehören:

1. Die Luftröhre *(Trachea)*
2. Die Luftröhrenäste *(Bronchien)* mit den Lungenbläschen *(Alveolen)*.

Zu 1.: Die **Luftröhre** bildet den Anfangsteil der unteren Atemwege und ■ 18
wird durch hufeisenförmige Knorpelspangen versteift. Sie ist etwa 20 cm lang und liegt vor der Speiseröhre. In Höhe des 4. Brustwirbels teilt sie sich in die beiden Luftröhrenäste, die *Stammbronchien*. In der Luftröhre wird die Atemluft weiter abwärts zu den Bronchien und den Alveolen geleitet.

Zu 2.: Die **Luftröhrenäste** münden rechts und links in die Lunge. Sie ■ 19
verzweigen sich wie die Äste und Zweige eines Baumes immer weiter bis in die kleinen *Endbronchien*. Hier sitzen Gänge, an deren Wände sich die Lungenbläschen, die *Alveolen*, befinden. Um diese Alveolen herum verzweigt sich ein dichtes Netz von Blutgefäßen, den *Lungenkapillaren*.

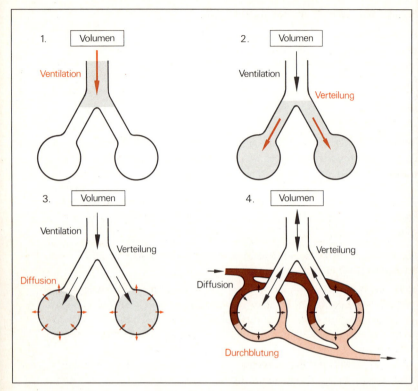

■ 20: Schematische Darstellung des Gastransportes

Die beiden Kreise symbolisieren die Alveolen in dem rechten und linken Teil der Lunge.

1. Durch die Einatmung *(Inspiration)* wird ein bestimmtes Luftvolumen aus der Umgebung angesaugt und durch die Atemwege in die Alveolen transportiert. Dieser Transport erfolgt über längere Streckenabschnitte mit hoher Geschwindigkeit und wird als *Konvektion* bezeichnet.
2. Das durch die Konvektion bewegte Luftvolumen verteilt sich über die *Stammbronchien* in die beiden Lungenflügel bis hin zu den Alveolen.
3. Die eingeatmete sauerstoffreiche Luft hat sich in den *Alveolen* verteilt.

In den Alveolen findet der *Gasaustausch* statt. Durch die Wand der Alveolen diffundiert Sauerstoff entsprechend dem O_2-Partialdruckgefälle in die Kapillaren hinein.
Kohlendioxid dringt ebenfalls entsprechend dem CO_2-Partialdruckgefälle aus den Kapillaren in die Alveolen hinein.

4. Hier wurde der *Lungenkreislauf* symbolisch hinzugefügt. Das Blut strömt als dunkleres, O_2-armes Blut in die Lungenstrombahn ein und fließt als helleres, O_2-reiches Blut wieder ab. Das CO_2-angereicherte und O_2-ärmere Gasvolumen in der Lunge wird abgeatmet *(Exspiration)*.

6. LE/20

6.2.3 Physiologie der Atmung

Sie haben nun gesehen, wie die Luft durch die einzelnen Abschnitte der oberen Atemwege bis in die unteren Atemwege und schließlich in die Alveolen gelangt. Hier findet nun der bereits beschriebene *Austausch von* CO_2 *und* O_2 statt. Wodurch wird aber nun die Atemluft von „außen" angesaugt und die „verbrauchte" Luft von „innen" nach „außen" ausgeblasen?

6.2.3.1 Das allgemeine Funktionsprinzip des Gasaustausches

Grundsätzlich umfaßt die Atmung zwei große Bereiche: den des *Gastransportes* und den der *biologischen Verbrennung* der Nahrungsstoffe mit den Endprodukten Kohlendioxid und Wasser (s. 8. LE). Im Zusammenhang mit dieser Lerneinheit wollen wir Ihnen das Prinzip des **Gastransportes** mit der Funktion von Thorax, Atemmuskulatur und Lunge näher erläutern.

Die wichtigsten Prinzipien, nach denen der Gastransport (O_2, CO_2) er- ■ **20** folgt, sind **Konvektion** und **Diffusion.**

– Unter *Konvektion* versteht man in diesem Fall einen O_2- und CO_2-Transport mittels schnell bewegter Gasvolumina in den Atemwegen. Die Konvektion wird durch das *Pumpsystem* von Lunge, Thorax und Atemmuskulatur ermöglicht, durch das die Gase in den Atemwegen befördert werden.

– Als *Diffusion* wird die Bewegung kleinster Teilchen (z. B. Moleküle, Ionen) vom Ort höherer Konzentration zum Ort niedriger Konzentration verstanden. Dieser Prozeß liegt beim Übertritt der Gase von den Alveolen in die Lungenkapillaren und von den Gewebskapillaren in die Zellen (z. B. Muskelzelle) vor.
Die Diffusion ist von ihrem Ablauf her erheblich *langsamer* als die Konvektion. Um trotzdem die durch die Diffusion bewegte Gesamtmenge ausreichend groß zu halten, sind die *Diffusionsstrecken* im Organismus sehr kurz. Der Abstand zwischen den Alveolen und den Kapillaren beträgt nur ca. 1/1000 mm.
Darüber hinaus sind auch die *Austauschflächen* für die Diffusion sehr groß. Die Oberfläche der Lungenkapillaren beträgt etwa 100 m², die der Muskelkapillaren ca. 6000 m² (!).

Wie läuft nun die Arbeit des **„Pumpsystems" Lunge, Thorax und Atemmuskulatur** ab, das den Luftstrom in Bewegung hält und so dafür sorgt, daß Kohlendioxid abgegeben und Sauerstoff aufgenommen werden kann?

21

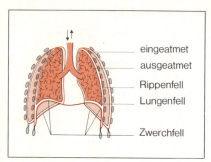

eingeatmet
ausgeatmet
Rippenfell
Lungenfell
Zwerchfell

21: Frontalschnitt durch die Lunge

Das *Zwerchfell* ist der wichtigste Atemmuskel. Es schließt den Thoraxraum nach unten gegen die Bauchhöhle ab.
In Ruhe wölbt es sich rechts und links kuppelförmig von unten in den Thoraxraum vor. Bei der Kontraktion des Zwerchfells flachen die Kuppeln ab und der Thoraxraum vergrößert sich. Es kommt zur Einatmung *(Inspiration)*. Die Erschlaffung des Zwerchfells führt zur Verkleinerung des Innenraums. Es kommt zur Ausatmung *(Exspiration)*.

22: Unterstützung der Zwerchfellatmung durch die Atemhilfsmuskulatur

Steigt unter körperlicher Aktivität der Sauerstoffbedarf, muß die Atemhilfsmuskulatur das Zwerchfell bei der gesteigerten Atemtätigkeit unterstützen.
Als *Hilfseinatmer* bezeichnet man die Muskeln, die an Schultergürtel, Kopf oder Wirbelsäule ansetzen und in der Lage sind, die Rippen zu heben.
Als *Hilfsausatmer* wirken in erster Linie die Bauchmuskeln, die die Rippen herabziehen. Sie arbeiten dabei wie eine Bauchpresse, indem sie die Baucheingeweide mit dem Zwerchfell nach oben drängen.

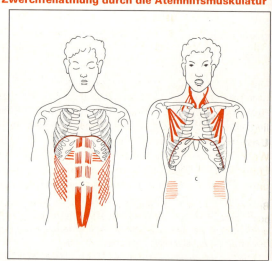

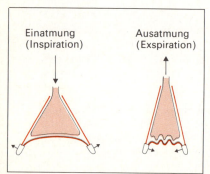

Einatmung (Inspiration)   Ausatmung (Exspiration)

23: Blasebalgschema der Lunge

Die Atmungsarbeit der Lunge ist mit derjenigen eines Blasebalgs vergleichbar. Werden die Druckflügel des Blasebalgs auseinandergezogen, vergrößert sich der Innenraum, und die Luft strömt hinein. Drückt man die Flügel des Blasebalgs zusammen, so wird der Innenraum verkleinert und die dort befindliche Luft hinausgedrückt.

6. LE/22

6.2.3.2 Funktion von Thorax, Atemmuskulatur und Lunge

Der Brustkorb besteht aus Brustbein, Rippen und Brustwirbelsäule. Durch bewegliche Verbindungen zwischen den Rippen und den Wirbeln können die Rippen gehoben und gesenkt werden. Auf diese Weise vergrößert oder verkleinert sich der Innenraum des Thorax. Der *wichtigste Atemmuskel* ist das **Zwerchfell**, das den Thoraxraum als horizontal liegende Muskelplatte nach unten gegen die Bauchhöhle abgrenzt.

Der Vorgang der Atmung wird unterteilt in die Einatmung *(Inspiration)* ■ 21 und die Ausatmung *(Exspiration)*.

In der Phase der **Einatmung** kontrahieren sich das *Zwerchfell* und die ■ 22 äußeren *Rippenzwischenmuskeln*. Bei diesem *aktiven* Vorgang vergrößert sich der Innenraum des Thorax.

In der Phase der **Ausatmung** erschlafft die Atemmuskulatur und gibt so dem Innenraum des Thorax die Möglichkeit, sich *passiv* zu verkleinern. Will man bei körperlicher Aktivität vertieft ausatmen, so wird zusätzlich die *Atemhilfsmuskulatur* eingesetzt.

Die Lunge ist in den Brustkorb regelrecht eingespannt und von *zwei* dünnen Häuten umgeben. Das *Lungenfell* liegt der Lunge auf, und das *Rippenfell* befindet sich innen an den Rippen. Zwischen diesen Häuten liegt ein mit Flüssigkeit gefüllter **Gleitspalt** *(Pleuraspalt)*, in dem ständig **Unterdruck** herrscht.

Wegen des Unterdrucks kann sich der *Pleuraspalt* nicht ausdehnen. Die ■ 23 Lunge kann sich deshalb nicht von der Wand des Brustkorbes abheben und wird gezwungen, den Bewegungen des Brustkorbes zu folgen.

Bei der Einatmung und Vergrößerung des Brustraums vergrößert sich deswegen auch der Lungeninnenraum. Bei der Ausatmung und Verkleinerung des Brustraums verkleinert sich auch der Lungeninnenraum. Der *Lungeninnenraum* folgt den Veränderungen des *Brustraums*.

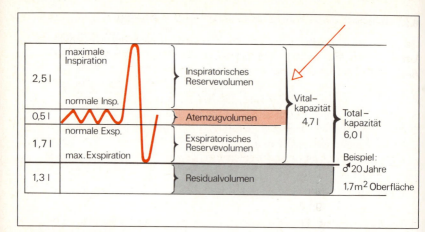

24: Lungenvolumina

Bei der Atmung ist der Luftwechsel in der Lunge nicht vollständig. Sie ist beim Ausatmen auch willentlich nicht völlig zu entleeren und bei normaler Einatmung nicht maximal gefüllt.

Man unterscheidet bei der Atmung entsprechend den verschiedenen *Atemstellungen*, die eingenommen werden können, auch *unterschiedliche Lungenvolumina*.

Das nach maximaler Einatmung maximal ausgeatmete Volumen wird als *Vitalkapazität* bezeichnet.

Dynamische Lungenvolumina, wie die sog. *Einsekundenkapazität* und der *Atemgrenzwert*, werden bei Lungenfunktionsuntersuchungen überprüft.

Die Einsekundenkapazität prüft, welches Volumen in einer Sekunde nach maximaler Einatmung forciert ausgeatmet werden kann. Dieser Wert wird in % der Vitalkapazität angegeben und beträgt normalerweise 80%.

Der Atemgrenzwert prüft das maximale Atemminutenvolumen. Das über 10 Sekunden maximal schnelle und maximal tiefe Ein- und Ausatmen wird auf eine Minute hochgerechnet.

6. LE/24

6.2.3.3 Die Lungenvolumina

Je nach Zustand der körperlichen Belastung und Intensität der aktiven ■ **24**
Unterstützung der Atmung unterscheidet man verschiedene *Atemstellungen* mit *unterschiedlichen Lungenvolumina*:

– **Atemzugvolumen** (AZV)=Lungenvolumen, das bei normaler Atmung ein- und ausgeatmet wird.

– **Inspiratorisches Reservevolumen** (IRV)=Volumen, das nach einer normalen Einatmung noch zusätzlich eingeatmet werden kann.

– **Exspiratorisches Reservevolumen** (ERV)=Volumen, das nach einer normalen Ausatmung noch zusätzlich ausgeatmet werden kann.

– **Residualvolumen** (RV)=Volumen, das auch bei tiefster Ausatmung noch in der Lunge bleibt.

– **Totalkapazität** (TK)=Volumen, das sich nach maximaler Einatmung in der Lunge befindet.

– **Vitalkapazität** (VK)=Volumen, das nach maximaler Einatmung maximal ausgeatmet werden kann. ⟵

Bekanntlich verändern sich bei körperlicher Aktivität die Frequenz und die Tiefe der Atmung, d.h. das Atemzugvolumen. Eine Multiplikation der *Atemfrequenz* (AF) mit dem *Atemzugvolumen* (AZV) ergibt das **Atemminutenvolumen** (AMV):

In Ruhe: $0,5\ l \times 16/min = \quad 8\ l/min$
Arbeit: $\quad 2,5\ l \times 40/min = 100\ l/min.$

Eine Ventilation von 100 l/min bei körperlicher Aktivität erfordert bei einem Atemzugvolumen von 2,5 l ($\approx$50% der Vitalkapazität) und einer Atemfrequenz von 40 Atemzügen pro Minute eine erhebliche **Atemarbeit**.

Die Atemmuskulatur muß diese Arbeit leisten, um die elastischen Widerstände in Lunge und Thorax und die Strömungswiderstände in den Atemwegen zu überwinden.

Während *in Ruhe* für die Atemarbeit energetisch ca. *1% des Ruheumsatzes* benötigt wird, steigt dieser Wert wegen der turbulenten Luftströmung in den Atemwegen bei körperlicher *Belastung* auf *25–30% des Gesamtumsatzes*! Die Mehratmung bei Arbeit nennt man **Polypnoe**. Bei Atembeschwerden spricht man von **Dyspnoe**. Der Atemstillstand wird **Apnoe** genannt.

6. LE/25

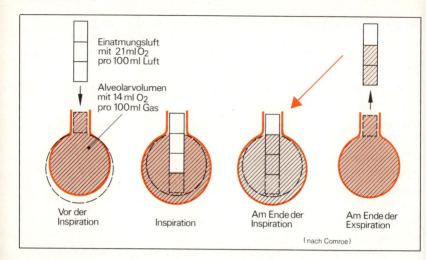

(nach Comroe)

■ 25: Schematische Darstellung des Totraums

Jedes Rechteck entspricht ca. 150 ml Luft. Die offenen Rechtecke stellen die Einatmungsluft dar. Der nach oben geöffnete Kreis symbolisiert die Lunge. Der nach oben offene Hals des Kreises soll den Totraum verdeutlichen, also die unteren Atemwege bis an die Alveolengrenze und die oberen Atemwege.

Während der Einatmung strömen 150 ml Luft aus dem Totraum und 300 ml Außenluft in die Alveolen ein. Die gestrichelte Kreislinie symbolisiert den Alveolarraum vor der Einatmung.

Die eingeatmete Luft vermischt sich mit dem Gasvolumen in den Alveolen. Am Ende der Einatmung ist der Totraum mit Frischluft gefüllt, die ungenutzt wieder ausgeatmet wird. *Der Totraum ist für den Gasaustausch nutzlos („tot").*

6. LE/26

Nur etwa $^2/_3$ der eingeatmeten Luft gelangen in die Aveolen. Der Rest bleibt in den oberen und unteren Atemwegen „auf der Strecke". Im Hinblick auf den Gasaustausch wird dieser Raum deshalb als **Totraum** bezeichnet. ■ 25

Das ausgeatmete Volumen ist also ein Gemisch aus dem Totraumvolumen und dem Volumen, das direkt aus den Alveolen stammt.

Der *Totraum* hat die Aufgabe, die Luft zu reinigen, anzuwärmen und zu befeuchten. Allerdings besteht auch ein funktioneller Nachteil des Totraums.

Die am Ende der Ausatmung im Totraum „liegengebliebene" Luft gelangt bei der folgenden Einatmung zuerst in die Lunge. Erst dann folgt die eingeatmete Frischluft. Dieses pro min in die Alveolen gelangende *Frischluftvolumen* wird **alveoläre Ventilation** genannt.

Da das *Totraumvolumen (TRV)* annähernd gleichbleibt, sinkt die alveoläre Ventilation trotz gleichgebliebenem Atemminutenvolumen ab, wenn man das Atemzugvolumen senkt und dafür die Atemfrequenz erhöht.

Merke: Eine ökonomische Atmung kombiniert bei körperlicher Aktivität ein großes Atemzugvolumen und eine niedrige Atemfrequenz, weil dabei die für den Gasaustausch wichtige alveoläre Ventilation hoch ist.
Das bedeutet, daß ruhige und tiefe Atemzüge sinnvoller sind als flaches und schnelles Atmen (Hechelatmung).

6. LE/27

Körperliche Arbeit
↓
Anstieg des arteriellen Blutdrucks und Abnahme des Strömungswiderstandes
↓
Anstieg des Blutdrucks in den Kapillaren der arbeitenden Muskulatur
↓
Zunahme des Flüssigkeitsaustritts aus den Kapillaren in den interstitiellen Raum, unterstützt durch Zunahme der Zahl der osmotisch wirksamen Moleküle (Milchsäure) im interstitiellen Raum
↓
Anstieg des kolloidosmotischen Drucks im Interstitium und damit Unterstützung des Flüssigkeitsaustritts aus den Gefäßen. Dabei können die relativ großen Blutzellen und Eiweißmoleküle die kleinen Poren in den Kapillarwänden gar nicht oder nur langsam passieren.
↓
vorübergehende Abnahme des Blutvolumens

■ **26: Vorgang der Verringerung des Blutvolumens bei einmaliger körperlicher Belastung**

	Untrainierte	Ausdauertrainierte
Blutvolumen	76 ml/kg	95 ml/kg (+25%)
Plasmavolumen	43 ml/kg	55 ml/kg (+28%)
Zellvolumen	34 ml/kg	40 ml/kg (+18%)

■ **27: Blut-, Plasma- und Zellvolumen bei Untrainierten und Ausdauertrainierten**

An der 25%igen Zunahme des Blutvolumens sind das Plasmavolumen zu 2/3 und das Erythrozytenvolumen zu 1/3 beteiligt. Die vergrößerten Blut- und Zellvolumina sind wichtige Voraussetzungen für die erhöhte körperliche Leistungsfähigkeit des Ausdauertrainierten.

6. LE/28

6.3 Die Einflüsse von Training auf Blut und Atmung

In der Lerneinheit über das Herz-Kreislauf-System haben Sie gesehen, daß durch Training wichtige Einflüsse auf dessen Arbeitsweise ausgeübt werden können. Wie steht es nun mit den Trainingseinflüssen auf das Blut und die Atmung?

6.3.1 Die Trainingseinflüsse auf das Blut

Wenn Sie sich im „allgemeinen" Sinn (s. 5. LE, Bd. I) *einmalig* körperlich belasten, verringert sich Ihr Blutvolumen um ca. 5–10%. Dabei spielt es keine Rolle, ob Sie eine kurzzeitige Sprint- oder längerdauernde Ausdauerbelastung eingehen (Erklärung s. Materialseite).

Diese Abnahme des Blutvolumens bei **kurzzeitiger Belastung** kommt durch eine **Abnahme des Plasmavolumens** zustande. Das Gesamtvolumen der Blutzellen und damit der Erythrozyten bleibt nach einmaliger körperlicher Belastung konstant.   ■ 26

- Nach *kurzzeitigen hohen Belastungen* sind Flüssigkeitsaustritte aus den Kapillaren allerdings höher als nach Ausdauerbelastungen. Der Grund dafür liegt in dem höheren *Kapillardruck* und in dem stärker angestiegenen *kolloidosmotischen Druck im Interstitium.* Dieser kommt durch die stärkere Anhäufung von Stoffwechselprodukten wie *Laktat* infolge des erhöhten Energiebedarfs pro Zeiteinheit bei hohen Belastungen zustande (s. 8. LE).

- Nach *Ende* der körperlichen Aktivität sinkt der Druck in den Kapillaren wieder, und das verdrängte Flüssigkeitsvolumen kann wieder in die Blutbahn zurückkehren. Auf diesem Wege kann sich das *Plasmavolumen* und damit auch das *Gesamtvolumen* nach einem Zeitraum von *1–2 Std. wieder normalisieren.*

Wenn Sie sich dagegen einem **systematischen Ausdauertraining** über Monate hinweg unterziehen, kommt es nicht zu einer Verringerung, sondern langfristig zu einer *Vergrößerung des Blutvolumens,* die mit einer **Zunahme des Plasmavolumens** eingeleitet wird.   ■ 27

Das Plasmavolumen kann sich vergrößern, weil der ausdauertrainierte Sportler eine **größere Menge an Eiweiß im Blut** besitzt, wodurch sich die Fähigkeit des Blutes erhöht, *Wasser* zu binden.
Die Zunahme des Blutvolumens durch Ausdauertraining hat verschiedene **Vorteile**, die die körperliche Leistungsfähigkeit erhöhen:

1. Durch das größere Gesamtvolumen an Erythrozyten und Hämoglobin erhöht sich die *Transportkapazität* des Blutes für Sauerstoff.
2. Das größere Plasmavolumen bildet eine *„Wasserreserve"* für den Organismus. Bei hohen Belastungen kann die *Thermoregulation* des Ausdauertrainierten auf diese „Wasserreserve" zur *Schweißbildung* zurückgreifen, bevor die anderen Wasservorräte des Körpers beansprucht werden.

29

6. LE/29

$$-\log\,[H^+]=pH$$

■ 28: Definition des „pH-Wertes"

Die Konzentration der Wasserstoffionen (H^+-Ionen) im Blut ist sehr niedrig. Sie beträgt nur 0,000 000 04 mol/l Plasma. Das kann ausgedrückt werden als 4×10^{-8} mol/l Plasma. Da dieser Wert „unhandlich" ist, verwendet man den *negativen dekadischen Logarithmus* (=Logarithmus zur Basis 10). Dieser wird ausgedrückt als $-\log$. Der Normwert des Plasmas beträgt $-\log\,(4 \times 10^{-8}) = -\,(\log 4 - 8)$ $= -(0,6021 - 8) = 7,3979$.

1. $H_2CO_3 \rightleftharpoons H^+ + HCO_3^-$

2. $HCO_3^- + H^+ \rightleftharpoons H_2CO_3 \rightleftharpoons H_2O + CO_2\uparrow$

■ 29: Kohlensäure-Bicarbonat-Puffer

Kohlensäure (H_2CO_3) ist eine relativ *schwache Säure*, die nach der unter 1. aufgeführten Beziehung in *Wasserstoff* (H^+) und *Bicarbonat* (HCO_3^-) dissoziiert. Wenn es im Blut zu einer Anhäufung von *sauren* Stoffwechselprodukten kommt, reagiert die Atmung sofort mit einer Steigerung der Ventilation.

Nach der unter 2. aufgeführten Beziehung verbindet sich das Bicarbonat mit Wasserstoff zu *Kohlensäure*. Diese trennt sich in *Wasser* (H_2O) und *Kohlendioxid* (CO_2). Die Kohlendioxidmoleküle werden dann bei körperlicher Aktivität verstärkt abgeatmet, und der pH-Wert kehrt wieder zur Norm zurück.

6. LE/30

3. Weil das Plasmavolumen durch Ausdauertraining stärker als die Blutzellen zunimmt, verringert sich die *Viskosität* des Blutes. Das Blut wird also „dünnflüssiger", was dann zu einer Abnahme des Strömungswiderstandes führt. Das bedeutet eine Reduktion der Herzarbeit.

Neben einem vergrößerten Blutvolumen zeigt das Blut von *Ausdauertrainierten* auch eine **erhöhte Bicarbonat-Konzentration** (HCO_3^-).
Bei körperlicher Aktivität gelangen vermehrt *Wasserstoff-Ionen* (H^+-Ionen) in das Blut. Eine stärkere Zunahme der H^+-Ionenkonzentration ist mit dem Leben nicht vereinbar, weil die Zellen des Organismus ihre Funktion vermindern und dann einstellen.

Das *Bicarbonat* hat nun die Aufgabe, die vermehrt gebildeten H^+-Ionen chemisch zu binden und ihre Konzentration damit *konstant* zu halten.

Die Konzentration der Wasserstoffionen (H^+-Ionen) im Blut wird als ■ **28** *„pH-Wert"* des Blutes angegeben. Wenn die Konzentration der H^+-Ionen bei körperlicher Aktivität steigt, wird die Reaktion des Blutes „saurer". Bei dieser *Azidose* des Blutes sinkt der „pH-Wert" von 7,4 (leicht alkalischer Normalwert) auf 7,2–7,1 ab. Nimmt die Konzentration der H^+-Ionen ab, wird die Reaktion des Blutes „alkalischer", der „pH-Wert" steigt.

Wenn Sie sich stark *anaerob* belasten (z. B. 400-m-Lauf), wird der dabei erhöhte Energiebedarf durch gesteigerten ATP-Zerfall gedeckt. Dabei spalten sich H^+-Ionen ab, die die *H^+-Ionenkonzentration* im Muskel und dann auch im Blut steigern. Das ADP wird auf anaerobem Wege unter Laktatbildung relativ schnell wieder zu ATP aufgebaut.

Ein großer Teil dieser H^+-Ionen wird allerdings in sog. *Puffersystemen* ■ **29** des Blutes gebunden und unschädlich gemacht. Der wichtigste Puffer des Blutes ist der **Kohlensäure-Bicarbonat-Puffer**.

Diese chemischen Reaktionen „puffern" einen großen Teil der durch die Muskelarbeit entstandenen Säure *(Azidose)* ab. Die erhöhte Konzentration an Bicarbonat im Blut des Ausdauertrainierten erlaubt es nun, mehr Säure „abzupuffern". Der *pH-Wert fällt* also bei gleichgroßem Anfall von Säuremengen *langsamer* als im Blut von Untrainierten ab.

Die Gesamtmenge der anfallenden Säuren kann jedoch nicht abgepuffert werden. Besonders bei stark anaeroben Belastungen überschreiten die gebildeten H^+-Ionen die Kapazität der Puffer-Systeme. Die Konzentration der H^+-Ionen im Muskel und im Blut nimmt also zu und zwingt schließlich zur Beendigung der Muskelarbeit. Die Muskulatur ist „sauer"! Man spricht in diesem Fall von **peripherer Ermüdung** oder **Muskelermüdung**.

So sieht zusammengefaßt die Reaktion des Blutes auf Training aus. Welche Einflüsse werden jedoch auf die Atmung ausgeübt?

31

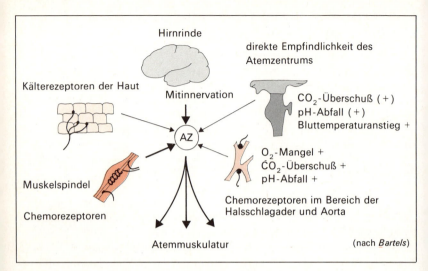

(nach *Bartels*)

30: Regulation durch das Atemzentrum (AZ)

Insgesamt sind *sechs Faktoren* für die Atmungsregulation verantwortlich:

1. Der Sauerstoffpartialdruck des Blutes.
2. Der Kohlensäurepartialdruck des Blutes.
3. Die Konzentration der Wasserstoffionen.
4. Rückmeldungen aus der arbeitenden Muskulatur (Muskelspindel, Chemorezeptoren).
5. Die kortikale Mitinnervation.
6. Weitere Faktoren (z. B. Hauttemperatur und Bluttemperatur).

Diese verschiedenen Faktoren beeinflussen das Atemzentrum, das seinerseits dann auf die Atemmuskulatur einwirkt.

6. LE/32

6.3.2 Trainingseinflüsse auf die Atmung

6.3.2.1 Die Regulation der Atmung

Wie Sie bei der Beschreibung der Atmung gesehen haben, besitzt diese die Aufgabe, die Versorgung der arbeitenden Organe mit Sauerstoff zu ermöglichen und das bei der Muskelarbeit gebildete Kohlendioxid abzugeben und damit die Wasserstoffionenkonzentration bzw. den pH-Wert des Blutes konstant zu halten.

Während die Sauerstoffaufnahme in Ruhe 250 ml/min beträgt, kann dieser Wert unter schwerer körperlicher Belastung bis auf ca. 6500 ml/min bei Ausdauertrainierten ansteigen. Die *Sauerstoffaufnahme* kann sich also um das *mehr als 20 fache erhöhen,* was verständlicherweise große Anforderungen an die **Regulation der Atmung** stellt.   ■ 30

Das **Atemzentrum** wacht darüber, daß die Atemtätigkeit dem Bedarf des Organismus an Sauerstoff angepaßt ist.

In **Ruhe** besteht die Aufgabe des Atemzentrums hauptsächlich darin, den Gasaustausch so einzustellen, daß sich im Blut die *Konzentration der Wasserstoffionen wenig ändert.* Dabei wird automatisch gewährleistet, daß *Sauerstoff in genügendem Maß aufgenommen* wird. Die Atmung wird uns in Ruhe ja auch kaum bewußt.

33

6. LE/33

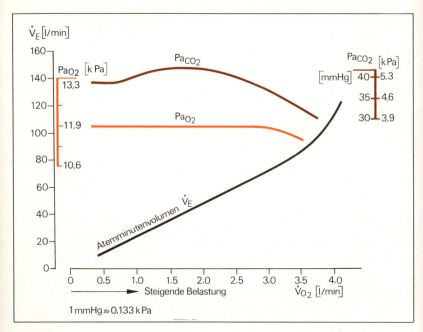

■ 31: Verhalten von Atemminutenvolumen, P_{CO_2} und P_{O_2} bei steigender Belastung (Index 'a': arterielles Blut)

Der *CO_2-Druck* steigt bei leichter körperlicher Belastung nur geringfügig an. Bei starker Belastung fällt er bis auf 20 mm Hg ($\approx 2{,}7$ kPa) ab.

Der *O_2-Druck* bleibt selbst bei hohen Belastungen konstant. Erst im Grenzbereich verringert er sich geringfügig.

Offensichtlich reicht im Grenzbereich der körperlichen Leistungsfähigkeit die Kontaktzeit des Blutes in den Lungenkapillaren ($\approx 0{,}3$ s) nicht mehr aus, um den O_2-Druck im Blut auf der entsprechenden Höhe zu halten.

Das *Atemminutenvolumen* erhöht sich entsprechend der steigenden Belastung.

6. LE/34

Wie aber läuft die Regulation der Atmung bei **körperlicher Aktivität** ab? Wenn Sie z. B. ein Basketballspiel beginnen, passen sich ihre Atmungsvorgänge wie selbstverständlich der gestiegenen Belastung an.

Die *Atemfrequenz* und das *Atemzugvolumen* steigen, das *Atemminutenvolumen vergrößert sich also bei körperlicher Belastung.* ■ **31**

Für diese Regulation sind verschiedene Mechanismen verantwortlich. Die beiden wichtigsten – besonders zu Beginn – der körperlichen Belastung sind **Rückmeldungen aus der arbeitenden Muskulatur und die sog. kortikale Mitinnervation**.

1. Die *Rückmeldungen* aus der arbeitenden Muskulatur bestehen aus Impulsen aus den Muskelspindeln der Skelettmuskulatur und anderen Rezeptoren im Bereich der Muskulatur (Chemorezeptoren), die das Atemzentrum zu erhöhter Aktivität veranlassen.
2. Die *kortikale Mitinnervation* besteht darin, daß parallel zur Aktivierung motorischer Zentren des Gehirns auch das *Atemzentrum* und die *Kreislaufzentren* erregt werden. Selbst wenn die körperliche Belastung noch nicht erhöht ist, kann so durch bestimmte Reize („Vorstartzustand") die Atemtätigkeit gesteigert werden.

Die **Ursachen für die Steigerung der Ventilation** sind derzeit noch nicht völlig geklärt. Man geht davon aus, daß neben den o. g. nervösen Faktoren

– der CO_2-Partialdruck des Blutes (P_{CO_2})
– die H^+-Ionenkonzentration (pH) und
– der O_2-Partialdruck des Blutes (P_{O_2}) dafür

verantwortlich sind.

Wenn Sie sich im **„steady state"** belasten, ist etwa die Hälfte der Ventilationssteigerung auf die genannten *blutchemischen Faktoren* zurückzuführen. Die andere Hälfte geht vermutlich auf das Konto **nervöser Rückmeldungen** aus der arbeitenden Muskulatur und der sog. *Mitinnervation* des Atemzentrums im verlängerten Rückenmark durch andere Abschnitte des Gehirns, die bei körperlicher Arbeit aktiv sind. Auch wird eine größere Empfindlichkeit der Meßfühler des Atemzentrums bei körperlicher Arbeit diskutiert.

6. LE/35

■ 32: Beziehung zwischen der Vitalkapazität und der maximalen O_2-Aufnahme

Auf der Abszisse ist die maximale Sauerstoffaufnahme abgetragen, auf der Ordinate die Vitalkapazität, also die Luftmenge, die nach maximaler Einatmung maximal ausgeatmet werden kann.
Mit steigender Sauerstoffaufnahme vergrößert sich auch die Vitalkapazität. Allerdings müssen Sie die *statistische Streuung* beachten, die in der Beziehung besteht. Diese ist durch die dünneren schwarzen Geraden gekennzeichnet.
Wenn man versucht, von der einen Größe auf die andere zu schließen, treten die Bezugswerte mit einer bestimmten statistischen Wahrscheinlichkeit innerhalb dieses Streuungsbereiches auf, d.h., bei einer O_2-Aufnahme von 3 l/min sind Vitalkapazitäten von ca. 3–5,5 l möglich.

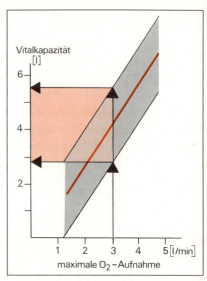

■ 33: Beziehung zwischen der Vitalkapazität und dem maximalen Atemzugvolumen

Auf der Abszisse ist die Vitalkapazität angegeben. Auf der Ordinate erscheint das maximale Atemzugvolumen. *Sie sehen, daß mit steigender Vitalkapazität auch das maximale Atemzugvolumen steigt.* Es kann bis zu 55% der Vitalkapazität betragen.

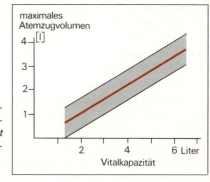

6.3.2.2 Einflüsse von Ausdauertraining
auf die Funktionsgrößen der Atmung

Nach einem systematisch durchgeführten Ausdauertraining über einen längeren Zeitraum verändern sich nicht nur die Funktionsgrößen des Herz-Kreislauf-Systems, sondern auch diejenigen der Atmung. Dazu gehören:

1. Die Vitalkapazität
2. Das Atemminutenvolumen

Zu 1.: Die **Vitalkapazität** wird in ihrer Bedeutung für den Trainierenden ■ 32
häufig überschätzt. Sie wird in erster Linie von der *Größe* und vom *Gewicht* des Sportlers bestimmt. Durch ein Ausdauertraining steigt die *Vitalkapazität* im Vergleich z. B. zur *max. Sauerstoffaufnahme* nur gering an. Es kann sein, daß sich die $\dot{V}_{O_2}$ max. verdoppelt, während sich die Vitalkapazität nur um 15–30% erhöht.

Die Verbesserung der Ausdauerleistungsfähigkeit ist also nur zu einem geringen Teil mit der Vitalkapazität in Verbindung zu bringen.

Zu 2.: Das **Atemminutenvolumen** setzt sich als Produkt aus der Atemfrequenz und dem Atemzugvolumen zusammen. Während ein Untrainierter ein Atemminutenvolumen (AMV) von 6–8 l/min in Ruhe und 100–120 l/min unter körperlicher Belastung besitzt, sind Atemminutenvolumina bei ausdauertrainierten Sportlern bis zu 250 l/min bei Ausdauerbelastungen gemessen worden.

Ein *Untrainierter* steigert sein AMV im wesentlichen durch die Erhöhung ■ 33
der **Atemfrequenz,** ein *Ausdauertrainierter* dagegen vornehmlich durch die Vergrößerung des **Atemzugvolumens,** wenn sie beide der gleichen submaximalen Belastung ausgesetzt werden.

Daraus läßt sich ableiten, daß der ausdauertrainierte Sportler bei vergleichbarer Belastung ein kleineres AMV aufweist als der Untrainierte.

Der Grund für diesen Unterschied ist in der relativ **kleineren Totraumventilation** des Ausdauertrainierten zu suchen. Da pro Atemzug bei dem Ausdauertrainierten ein größeres Volumen „umgewälzt" wird und er deshalb weniger Atemzüge pro Minute benötigt, bleibt – bezogen auf einen bestimmten Zeitraum – seine Totraumventilation kleiner.

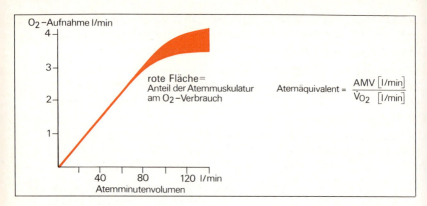

34: Beziehung zwischen Atemminutenvolumen und Sauerstoffaufnahme

Auf der Abszisse ist das Atemminutenvolumen und auf der Ordinate die Sauerstoffaufnahme abgetragen. Bei beiden Größen wird als Einheit l/min verwendet.

Zwischen der Sauerstoffaufnahme und dem Atemminutenvolumen besteht eine positive Beziehung. *Wenn das Atemminutenvolumen steigt, vergrößert sich auch die Sauerstoffaufnahme.*

Einem Atemminutenvolumen von z. B. 40 l/min entspricht im Mittel eine Sauerstoffaufnahme von 1,5 l/min, ein Atemminutenvolumen von 80 l/min einer Sauerstoffaufnahme von ca. 3 l/min.

Je größer die Belastung ist, um so größer wird der Sauerstoffanteil, den die Atemmuskulatur für ihre Tätigkeit benötigt. Dieser Anteil ist durch die rote Fläche gekennzeichnet.

Bei hoher Belastung wird also ein großer Teil des O_2 dafür verwendet, die Atemmuskulatur zu versorgen.

$$\text{Atemäquivalent} = \frac{\text{AMV [l/min]}}{\dot{V}_{O_2} \text{ [l/min]}}$$

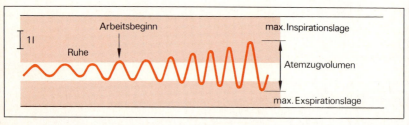

35: Atemzugvolumen bei körperlicher Aktivität

Bei körperlicher Belastung steigen die Atemfrequenz und die Atemtiefe, also das Atemzugvolumen, an.

Die Multiplikation der Atemfrequenz mit dem Atemzugvolumen ergibt das *Atemminutenvolumen*.

Bei verschiedenen Sportarten muß sich der *Atemrhythmus* dem *Bewegungsrhythmus* anpassen. Beim Schwimmen muß naturgemäß über Wasser eingeatmet werden, aber auch bei anderen Sportarten (z. B. Rudern, Langstreckenlauf etc.) ist eine Abstimmung zwischen Atmung und Bewegungsablauf erforderlich.

6. LE/38

Da mit einem größeren AMV eine größere Luftmenge mit dem darin ent- ■ 34
haltenen Sauerstoff ventiliert wird, liegt eine enge Beziehung zur Sauerstoffaufnahme pro Minute nahe.

Um nun eine Kennzahl für das Verhältnis zwischen dem *AMV* auf der einen Seite und der O_2-*Aufnahme* auf der anderen zu bekommen, dividiert
man das AMV durch die $\dot{V}_{O_2}$. Das Ergebnis ist das **Atemäquivalent
(AÄ).**

– In **Ruhe** beträgt das AÄ ca. 25:1. Das bedeutet, daß für die Aufnahme von 1 l
O_2 etwa 25 l Luft pro Minute eingeatmet werden. Da in 25 l Luft 5 l O_2 enthalten
sind, ist die Ausschöpfung der eingeatmeten Sauerstoffmenge also relativ gering.

– Wenn Sie sich im Bereich der **Dauerleistungsgrenze** belasten, wird das AÄ
kleiner. Bei einer O_2-Aufnahme von 50% des maximalen Wertes kann das AÄ
als tiefsten Wert bei Ausdauertrainierten den Wert 20 annehmen. Zur Aufnahme
von 1 l O_2 werden also nur 20 l Luft eingeatmet.

– Bei **maximaler Belastung** steigt das AÄ wieder, und die Atmung wird damit
unökonomischer. Das liegt daran, daß sich im Grenzbereich das AMV kaum
mehr, und wenn, dann über eine Zunahme der Atemfrequenz, steigern kann.
Über die Zunahme der Atemfrequenz vergrößert sich dann die *Totraumventila-
tion.* Hinzu kommt, daß sich bei Grenzbelastungen die *Kontaktzeiten* für die O_2-
Abgabe in die Lungenkapillaren verringern.
Parallel zur Zunahme des AÄ bei hohen Belastungen vergrößert sich auch die
Laktatkonzentration im Blut, d. h., die *aerob-anaerobe Schwelle* wird über-
schritten, die definitionsgemäß bei einer Laktatkonzentration von ca. 4 µmol/ml
Blut liegt.

Im Vergleich zum Herz-Kreislauf-System ist die Atmung in Ruhe und bei ■ 35
geringer Belastung relativ leicht durch den Willen beeinflußbar.

Atemfrequenz und Atemtiefe werden jedoch durch die *„Automatik"* der
Atemregulation genau vorgegeben. Eine *willentliche* Veränderung führt
meist dazu, daß die Atemarbeit *unökonomischer* wird.

Bei manchen Sportarten muß allerdings der *Atemrhythmus* der *Struktur
des Bewegungsablaufs* angepaßt werden. Beim Schwimmen beispiels-
weise wird die Atemfrequenz in der Regel verringert. Damit trotzdem
noch ein ausreichendes AMV aufgenommen werden kann, wird das
Atemzugvolumen entsprechend vergrößert.
Jenseits eines AMV von 50 l/min wird die *Mundatmung ökonomischer
als die Nasenatmung.* Durch ein größeres AMV kann auf diesem Weg eine größere Sauerstoffaufnahme erreicht werden. Auch sollte bei sportlichen Belastungen durch stärkere Ausatmung die Atemmittellage mehr
in *Ausatemrichtung* verschoben werden. Geben Sie dafür eine Begründung über den P_{O_2} in den Alveolen!

6. LE/39

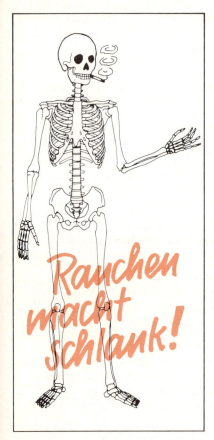

■ 36: Der „Raucher"

Hinweis:
Selbst die Fähigkeit von Laien *nach* absolvierten Kursen in Herz-Lungen-Wiederbelebung wurde bei entsprechenden Überprüfungen als nicht ausreichend beurteilt. In Anbetracht der Tatsache, daß die Zahl der erfolgreich Wiederbelebten 2–5mal höher liegt, wenn der Ersthelfer mit den Wiederbelebungsmaßnahmen vor dem Eintreffen des Arztes begonnen hatte, besteht die Forderung nach längeren Ausbildungszeiten und häufigeren Auffrischungskursen nach wie vor.

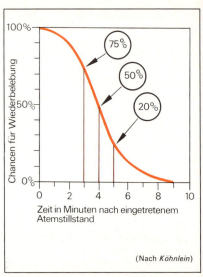

(Nach *Köhnlein*)

■ 37: Zeitliche Beziehung zwischen eingetretenem Atemstillstand und Chancen zur Wiederbelebung

Auf der Abszisse ist die Zeit in Minuten nach eingetretenem Atemstillstand aufgetragen.
Auf der Ordinate sind die Chancen für die Wiederbelebung in Prozent angegeben.
Sie sehen aus der Abbildung, daß selbst unmittelbar nach dem eingetretenen Atemstillstand die Chancen für die Wiederbelebung schon drastisch sinken.
Besonders in dem Zeitraum zwischen 3–5 Minuten verringern sich die Chancen für eine erfolgreiche Wiederbelebung um 50%!
Drei Minuten nach eingetretenem Atemstillstand betragen sie noch 75%, nach vier Minuten noch 50% und nach fünf Minuten nur noch 20%!
Acht Minuten nach eingetretenem Atemstillstand sind die Chancen zur Wiederbelebung fast „null".

6. LE/40

Und noch ein Problem im Zusammenhang mit der Atmung: Sind Sie **Raucher?**

Wenn ja, dann wird dadurch die Funktion Ihrer Atmung, der Sauerstoff- ■ 36
transport, wesentlich beeinträchtigt!

– Nachdem Sie eine Zigarette geraucht haben, wirken ca. 1 nm große Rauchpar-
tikel auf Rezeptoren in den Schleimhäuten der unteren Atemwege. Diese Rezeptoren lösen eine *Verengung der Bronchiolen* mit vermehrter Schleim-
produktion aus, wodurch der *Strömungswiderstand steigt*, die **Atemarbeit
wächst**.
Zwischen 10–30 min nach dem Rauchen der Zigarette vergrößert sich der Strömungswiderstand in den Atemwegen um das 2- bis 3fache!
– Sie haben in dieser Lerneinheit auch gesehen, daß die *Affinität des Hämoglobins zum Kohlenmonoxid* höher als die zum Sauerstoff ist. Mit dem Zigarettenrauch atmen Sie nun auch **Kohlenmonoxid** ein. Bei 10 Zigaretten täglich sind bereits 5% des Hämoglobins durch CO besetzt. Bei 30–40 Zigaretten
steigt dieser Wert auf 10%. Dadurch **verringert sich die Sauerstofftransportkapazität** des Blutes, und **die körperliche Leistungsfähigkeit** im
Ausdauerbereich **sinkt!**

6.4 Wiederbelebung –
Erste Hilfe bei Störungen der Herz-,
Kreislauf- und Atmungsfunktionen

Haben Sie schon einmal versucht, die Luft so lange wie möglich anzuhal-
ten? Wenn wir einmal davon absehen, daß das nicht „gesund" ist: Sie ha-
ben sicher nach 30–60 s Schwierigkeiten bekommen, und länger sollten
Sie so etwas aus Sicherheitsgründen auch nicht durchführen!
*„Der Mensch kann drei Wochen leben, ohne zu essen, drei Tage, ohne zu
trinken, jedoch nur drei Minuten, ohne zu atmen!"*
Bei bewußtlosen Verunglückten besteht sehr oft die Gefahr, daß die At-
mung und/oder die Herztätigkeit gestört sind. Nachdem der Atem- und
Kreislaufstillstand eingetreten ist, bleiben nur noch **2–4 Minuten,** ehe
Gehirnzellen durch Sauerstoffmangel unwiderruflich geschädigt werden.

Die Wahrscheinlichkeit einer erfolgreichen Wiederbelebung sinkt, je län- ■ 37
ger der Atemstillstand andauert. So bestehen bei

3 min→75% Chancen zur Wiederbelebung,
5 min→20% Chancen zur Wiederbelebung.

Jeder Funktionsausfall in dem Atemsystem bedeutet also wegen der
Störung der O_2-Versorgung des Gehirns eine ernste Gefahr! Sie
sehen also, daß es unbedingt notwendig ist, bei einem Verunglückten
sofort festzustellen, welche *vitalen Funktionen* gestört sind und welche **Sofortmaßnahmen** zu ergreifen sind!

41

6. LE/41

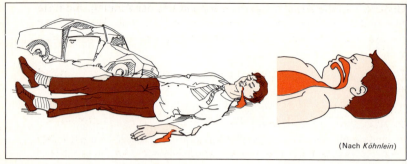

(Nach *Köhnlein*)

■ 38: Verunglückter in Rückenlage

Bleibt ein bewußtloser Verunglückter in der abgebildeten Position liegen, besteht die Gefahr, daß die Luftwege durch Zurückfallen des Unterkiefers und der Zunge sowie durch Fremdkörper (Blut, Schleim, etc.) blockiert werden. Sie sehen, wie die Atemwege allein durch die Stellung des Kopfes für die Atemluft schwer passierbar werden.

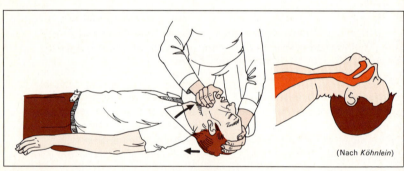

(Nach *Köhnlein*)

■ 39: Öffnen des Mundes zum Freimachen der Atemwege

Wenn Sie bei einem Verunglückten Atemstillstand feststellen, öffnen Sie ihm den Mund, und säubern Sie rasch die Mundhöhle. Danach legen Sie eine Hand unter das Kinn und heben es an. Die andere Hand befindet sich auf der Stirn und überstreckt den Kopf. So strecken Sie die Atemwege und öffnen sie.
Wenn der Verunglückte in der beschriebenen Art gelagert ist, die Atemwege gesäubert sind sowie freigehalten werden und immer noch keine Spontanatmung einsetzt, müssen Sie die sog. **Atemspende** durchführen!!

In der Schemazeichnung sehen sie, daß das Überstrecken des Kopfes in den Nacken und das Anheben des Unterkiefers die Atemwege für die Atemluft besser passierbar macht.

6. LE/42

Größte Gefahr besteht, wenn ein **Kreislaufstillstand** eintritt, d. h., hier liegt ein Zustand vor, bei dem die Förderleistung des Herzens nicht mehr ausreicht, um die Sauerstoffversorgung des Organismus zu gewährleisten.

Durch folgende **Maßnahmen** können Sie einen **Kreislaufstillstand erkennen:**

1. **Besteht Bewußtlosigkeit?**
2. **Atmung kontrollieren!** Legen Sie eine Hand auf den Brustkorb, die andere auf den Bauch des Verunglückten. Sind *keine Bewegungen* mehr wahrnehmbar, besteht ein Atemstillstand. Der Atemstillstand führt bei längerem Bestehen zum Kreislaufstillstand.
3. **Puls fühlen!** Ist der Arterienpuls *nicht mehr* sicher *fühlbar*, so ist die Förderleistung des Herzens mit Sicherheit nicht mehr ausreichend.
4. **Pupillen kontrollieren!** Ca. 45 s nach Stillstand des Herzens werden die Pupillen *maximal weitgestellt* und reagieren nicht auf Lichteinfall.
5. **Hautfarbe betrachten!** Zeigt sich eine *bläuliche Verfärbung* der Schleimhäute und des Nagelbettes, so weist das auf einen O_2-Mangel in den Körperorganen durch Atemstillstand und/oder Kreislaufstillstand hin.

Wenn Sie einen Kreislaufstillstand erkannt haben, handeln Sie rasch folgendermaßen nach der **Rangordnung lebensrettender Sofortmaßnahmen!**

1. **Freimachen und Freihalten der Atemwege!**
2. **Bei Atemstillstand Atemspende!**
3. **Äußere Herzmassage!**
4. **Blutstillung, bei arterieller Blutung als vorrangige Maßnahme!**
5. **Schockbehandlung!**
6. **Bei Spontanatmung Lagerung in Seitenlage!**
7. **Verbände, Ruhigstellung und Fixation bei Frakturen!**

Im folgenden erläutern wir Ihnen die einzelnen Maßnahmen näher.

Zu 1.: Verlieren Sie beim **Freimachen der Atemwege** keine Zeit!   ■ 38

Die Atemwege können, z. B. durch Wasser oder Schlamm bei Badeunfällen,   ■ 39
Schnee bei Lawinenunfällen, Blut, Schleim, Erbrochenes usw., blockiert sein. Entscheidend ist die freie Passage der Atemluft und nicht eine saubere Mundhöhle! Sorgen Sie dafür, daß die Atemwege frei bleiben, indem Sie den *Kopf des Verunglückten zum Nacken hin überstrecken und den Unterkiefer anheben.*

6. LE/43

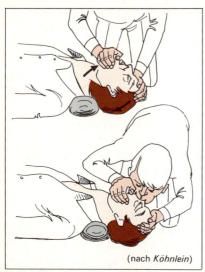

(nach *Köhnlein*)

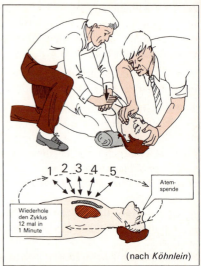

(nach *Köhnlein*)

■ 40: Mund-zu-Nase-Beatmung bei Atemstillstand

1. Überstrecken Sie den Kopf des Verunglückten!
2. Schließen Sie seinen Mund mit der am Kinn liegenden Hand, die den Unterkiefer anhebt!
3. Atmen Sie tiefer als normalerweise ein!
4. Setzen Sie Ihren weitgeöffneten Mund fest auf die Nase des Verunglückten!
5. Blasen Sie Ihre Ausatmungsluft – etwa 0,8 l – langsam in 1–1,5 s in die Nase hinein, daß sich der Brustkorb des Patienten sichtbar hebt!
6. Atmen Sie erneut ein, und neigen Sie dabei Ihren Kopf zur Seite! Dabei muß Luft aus der Nase des Verletzten entweichen, und sein Brustkorb muß sich senken!
7. Blasen Sie Ihre Einatmungsluft wieder in die Nase des Verunglückten!
8. Führen Sie diesen Vorgang zunächst 2mal hintereinander durch, und beobachten Sie dabei das Heben und Senken des Brustkorbs!
9. Beatmen Sie anschließend mit einer Frequenz von 12–15 Atemzügen pro Minute weiter!

■ 41: Äußere Herzmassage in Verbindung mit Atemspende durch zwei Helfer

Ein Helfer führt, wie oben beschrieben, die Atemspende durch! Er unterbricht die Atemspende kurz, und ein zweiter Helfer wendet die Herzmassage in der Beatmungspause wie folgt an!

1. Der Patient liegt auf dem Rücken auf einer harten Unterlage!
2. Knien Sie neben ihm, und legen Sie die Handballen Ihrer gekreuzten Hände auf die untere Hälfte des Brustbeins des Verunglückten!
3. Drücken Sie dann das Brustbein ca. 4 cm nicht zu ruckhaft nach unten gegen die Wirbelsäule!
4. Führen Sie diesen Vorgang mit einer Frequenz von 60–90mal pro Minute durch, damit ein „Minimalkreislauf" aufrechterhalten werden kann!

Steht nur ein Helfer zur Verfügung, werden im Verhältnis 5:1 Herzmassagen und Atemspende durchgeführt! Als günstig haben sich 15 Herzmassagen und 2 Atemspenden im Wechsel ohne Pause bei nur einem Helfer erwiesen.

6. LE/44

Zu 2.: Beobachten Sie nach dem Freimachen und Freihalten der Atemwege den Verunglückten! Wenn keine spontane Atmung eintritt, liegt wahrscheinlich eine *Atemlähmung* vor. Sie müssen dann eine **Atemspende** durchführen. Dabei gibt es zwei Möglichkeiten:

I. **Die Mund-zu-Nase-Beatmung**   ■ 40
II. **Die Mund-zu-Mund-Beatmung.**

Wenn nach der Mund-zu-Nase-Beatmung keine Spontanatmung des Verunglückten einsetzt, müssen Sie eine Mund-zu-Mund-Beatmung durchführen, weil die Gefahr besteht, daß die Nasenwege blockiert sind.

Zu 3.: Sie müssen die äußere **Herzmassage** anwenden, wenn Sie fest-   ■ 41
stellen, daß ein *Herzstillstand* eingetreten ist. Wenn das Herz nicht mehr arbeitet, kann das in der Lunge mit Sauerstoff beladene Blut nicht mehr zur Versorgung in die Organe transportiert werden.

Bei der äußeren Herzmassage wird durch *rhythmische Druckstöße* – nicht ruckhaft – *das Herz zwischen Brustbein und Wirbelsäule zusammengepreßt.* Dadurch steigt der Druck im Thorax und in den Herzkammern, und es erfolgt ein Blutauswurf in die Arterien. Ein Minimalkreislauf ist damit hergestellt.

Um die Herzmassage fehlerfrei durchführen zu können, muß man *gut ausgebildet* sein. Es empfiehlt sich dringend, in regelmäßigen Abständen (z. B. 1 mal pro Jahr) Wiederholungskurse in Erster Hilfe zu absolvieren. Nur so kann die Entscheidung über den Einsatz und die Durchführung weitgehend fehlerfrei erfolgen.

Wenn Sie feststellen, daß *Atemstillstand und Herzstillstand* eingetreten sind, müssen Sie eine **Kombination von Atemspende und Herzmassage** durchführen.

Stehen für einen Verletzten *zwei Helfer* zur Verfügung, so führt der eine die Atem-   ■ 41
spende und der andere die Herzmassage durch. Beide sollten einander nach einigen Minuten abwechseln.

Die **Wirksamkeit der Wiederbelebung** kann danach beurteilt werden, ob

1. **die Haut des Verunglückten sich rosig färbt,**
2. **der Puls an der Halsschlagader tastbar ist,**
3. **die Pupillen sich bei Lichteinfall verengen,**
4. **die Atemzüge zunächst vereinzelt und wieder spontan ablaufen.**

In der Zwischenzeit sollte durch andere Helfer der Abtransport ins Krankenhaus organisiert worden sein. Bis der Krankenwagen oder der Arzt eintreffen, bringen Sie den Verunglückten in die **stabile Seitenlage!**

45

6. LE/45

Benennen Sie die anatomischen Einzelheiten!

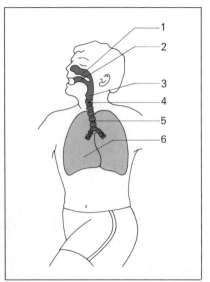

1. ....
2. ....
3. ....
4. ....
5. ....
6. ....

Benennen Sie die verschiedenen Ein- und Ausatmungsstellungen, die entsprechenden Lungenvolumina, und ordnen Sie ihnen absolute Größen in Liter zu!

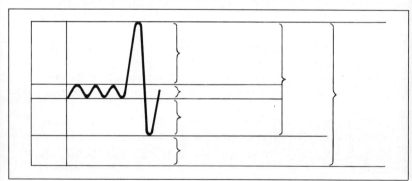

6. LE/46

6.5 Lernerfolgskontrolle

1. Nennen Sie die Bestandteile des Blutes!
2. Beschreiben Sie Arten und Funktionen der Blutzellen!
3. Wie läuft die unspezifische und die spezifische Abwehrreaktion gegen körperfremde Stoffe ab?
4. Was versteht man unter passiver und aktiver Immunisierung?
5. Beschreiben Sie den Vorgang der Blutstillung!
6. Definieren Sie den Gaspartialdruck am Beispiel des Sauerstoffgehaltes der Einatmungsluft ($\approx 20\%$)!
7. Wie verhalten sich die Gaspartialdrücke für Sauerstoff und Kohlendioxid in den Alveolen und dem Lungenkapillarblut?
8. Welche Voraussetzungen müssen für den Gasaustausch im Bereich der Alveolen erfüllt sein?
9. Wie hoch ist die Sauerstoffkapazität des Blutes?
10. Von welchen Faktoren ist die Sauerstoffbindung des Blutes abhängig?
11. Welches Funktionsprinzip liegt dem Gastransport zugrunde?
12. Definieren Sie die unterschiedlichen Lungenvolumina!
13. Was ist unter „Totraum" der Atemwege zu verstehen?
14. Wie groß ist das Atemminutenvolumen in Ruhe und bei körperlicher Aktivität?
15. Welche Trainingseinflüsse auf das Blut kennen Sie?
16. Erläutern Sie die Aussage: Der pH-Wert des Blutes beträgt 7,4!
17. Nennen Sie ein Puffersystem des Blutes, und beschreiben Sie seine Bedeutung!
18. Nennen Sie die wichtigsten Faktoren, die für die Regulation der Atmung bei körperlicher Aktivität verantwortlich sind!
19. Wie verändern sich Atemfrequenz, Atemzugvolumen, Atemminutenvolumen und maximale Sauerstoffaufnahme durch Ausdauertraining?
20. Nennen Sie Ursachen für schwere Unfälle im Schul- und Vereinssport, und diskutieren Sie Maßnahmen für deren Verhinderung!
21. Nennen Sie die wichtigsten Zeichen eines Kreislaufstillstands!
22. Nennen Sie die Rangordnung lebensrettender Sofortmaßnahmen!
23. Wie wird die Mund-zu-Nase-Beatmung durchgeführt?
24. Wie wird die Herzmassage durchgeführt?

7. LE/1

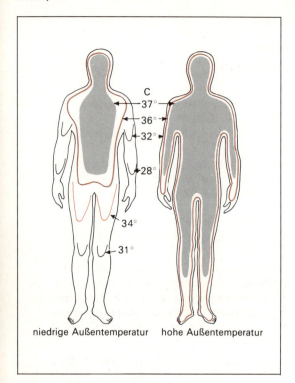

niedrige Außentemperatur   hohe Außentemperatur

■ 42: Temperaturfeld des menschlichen Körpers in kalter und warmer Umgebung

Der Organismus produziert in seinem Inneren Wärme, die über die Körperoberfläche zur Umgebung hin abgegeben wird. Das Innere des Körpers, der *Körperkern,* besitzt eine relativ konstante Temperatur von 37 °C. Er ist *homoiotherm.* Die den Körperkern umgebende *Körperschale* ist wechselwarm *(poikilotherm).*

Im Körper besteht ein *radiales Temperaturgefälle* von den inneren zu den äußeren Körperabschnitten und ein *axiales Temperaturgefälle* von den körpernahen zu den körperfernen Bereichen (z. B. vom Rumpf zu den Armen und Beinen).

Bei relativ *niedrigen Außentemperaturen* verkleinert sich der homoiotherme Körperkern, und die Körperschale vergrößert sich. Die isolierend wirkende Körperschale verringert die Wärmeabgabe. Bei relativ *hohen Außentemperaturen* vergrößert sich der homoiotherme Körperkern, und die Körperschale verkleinert sich. Die jetzt dünne Körperschale erleichtert die Wärmeabgabe.

7. LE/2

7. Lerneinheit:

Temperaturregulation und körperliche Aktivität

7.0 Lernziele

Nach dem Durcharbeiten dieser Lerneinheit sollen Sie in der Lage sein,

– die physiologischen Mechanismen der Temperaturregulation des menschlichen Organismus zu beschreiben und

– diese Mechanismen bei körperlicher Aktivität im Sport zu berücksichtigen.

7.1 Grundlagen der Temperaturregulation

„Wegen der großen Hitze kam nur ein mäßiges Spiel zustande!" Diese Zusammenfassung über den Verlauf eines Fußballspiels verdeutlicht etwas, was wohl jeder von uns schon einmal erfahren hat.

Wenn die *Außentemperaturen* sehr hoch sind (z. B. über 30 °C), wird die körperliche Leistungsfähigkeit besonders im Bereich von *Ausdauersportarten* beeinträchtigt. Daß diese Abhängigkeit von der Umgebungstemperatur auch bei niedrigen Temperaturen besteht, hat auch derjenige festgestellt, der versucht hat, bei einer *Wassertemperatur* von z. B. 10 °C eine gute Zeit über 100 m „Brust" zu *schwimmen*.

Auf der anderen Seite zwingen uns Temperaturen über 35 °C und unter 10 °C (im Wasser) nicht dazu, unsere körperliche Aktivität völlig einzustellen. Wir können offensichtlich die für unsere Leistungsfähigkeit wichtige **Körperkerntemperatur** weitgehend unabhängig von äußeren Temperaturschwankungen nahezu **konstant** halten.

Der Mensch gehört deshalb zu den Lebewesen, die als *homoiotherm* (gleichwarm) bezeichnet werden. Allerdings trifft diese *Homoiothermie* nur auf einen ganz bestimmten Bereich des Körpers zu, nämlich nur *auf den Körperkern*.

Dieser **gleichwarme Körperkern** umfaßt das Innere des Rumpfes und ■ 42 des Kopfes.

Die den Körperkern umgebende **Schale** ist mehr oder weniger ausgeprägt **wechselwarm** (poikilotherm), d. h., sie folgt in bestimmtem Ausmaß Temperaturschwankungen der Umgebung.

49

7. LE/3

■ 43: Temperaturmeßstellen am menschlichen Körper

Aus der Abbildung (S. 48) erkennen Sie, daß zwischen Körperkern und Körperschale durchaus ein Temperaturunterschied von 6 °C auftreten kann. Bei Krankheit z. B. müssen Sie aber wissen, welche Temperatur der Körperkern aufweist. Dazu sind die verschiedenen Temperaturmeßstellen unterschiedlich gut geeignet.

1. Die häufig verwendete Messung in der *Achselhöhle* ist nicht zu empfehlen, da bei kalter Haut teilweise erst nach 30 min körperkernnahe Temperaturen auftreten.
2. Bei Messung in der *Mundhöhle* wird das Thermometer unter der Zunge plaziert. Die Messung wird hier von der Temperatur der eingeatmeten Luft beeinflußt und weicht im allgemeinen um 0,5 °C nach unten ab.
3. Die zu bevorzugende Messung der *Rektaltemperatur* entspricht unter zwei Voraussetzungen etwa der Körperkerntemperatur. Erstens muß das Thermometer über den Analkanal in eine möglichst konstante Tiefe (4 cm) in den Enddarm eingeschoben werden.
Die zweite Voraussetzung ist die, daß die Haut der Gesäßregion und der Oberschenkelinnenseite nicht unterkühlt sein darf (z. B. durch feuchte Kleidung). Das venöse Blut dieser Körpergebiete fließt über Venen in der Enddarmschleimhaut ab und kann so die Schleimhaut kühlen. Die gemessene Temperatur im Enddarm liegt dann niedriger als die Körpertemperatur.

(Nach *McNaught*)

7. LE/4

Wenn Sie sich durch entsprechende Kleidung schützen, können Sie sogar extreme Umgebungstemperaturen von −50 °C bis +100 °C überstehen. Wenn sich allerdings Ihre Körperkerntemperatur nur um 4 °C ändert, tritt bereits eine Verminderung der körperlichen und geistigen Leistungsfähigkeit ein!

Damit die Temperatur des Körperkerns so weit wie möglich von den ■ 43 Schwankungen der Umgebungstemperatur unabhängig gehalten werden kann, verfügt der Mensch über die Fähigkeit zur **Temperaturregulation.**

Zu diesem Zweck besitzt der Mensch zwei Gruppen von **Temperaturfühlern.**

- Die eine Gruppe befindet sich im **Zwischenhirn** und kontrolliert die Temperatur des Blutes, das durch diesen Hirnabschnitt fließt. Diese Bluttemperatur entspricht der *Körpertemperatur.* Die inneren Temperaturfühler im Zwischenhirn sind so in der Lage, relativ „früh" Maßnahmen gegen Überwärmung auszulösen.

- Die zweite Gruppe sind die **Wärme- und Kälterezeptoren der Haut,** die Erwärmung und Abkühlung der Körperoberfläche *(Schale)* auf nervösem Weg an das *Zentrum für die Temperaturregulation im Zwischenhirn* melden. So ist es möglich, *ohne* vorausgegangene Änderungen der Körperkerntemperatur Maßnahmen gegen Änderung der Umgebungstemperatur einzuleiten.

51

7. LE/5

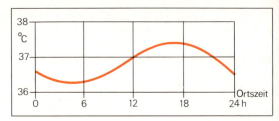

■ **44: Tagesschwankungen der Rektaltemperatur**
Die Körperkerntemperatur des Menschen, durch die Rektaltemperatur repräsentiert, weist tagesrhythmische Schwankungen auf. Morgens ist die Temperatur relativ gering, und im Verlauf des Tages steigt sie auf ein Maximum. Bei diesen Schwankungen von ca. 1 °C handelt es sich *nicht* um eine Folge der körperlichen Aktivität, sondern um einen von vielen tagesperiodischen Vorgängen.
Die Tagesperiodik der Körperkerntemperatur ist auf eine *„biologische Uhr"*, also auf einen inneren Rhythmus, zurückzuführen.
Mittelwerte der Körperkerntemperatur:
♂: 36,8 °C
♀: 36,8 °C (vor der Ovulation)
  37,2 °C (nach der Ovulation)

■ **45: Physiologisches Verhalten des Körpers bei Abkühlung**
Wird eine unbekleidete Versuchsperson plötzlich einer Raumtemperatur von 10 °C ausgesetzt, treten u. a. die Reaktionen ein, die in der Abbildung dargestellt sind. Etwa 5 min nach Beginn der Abkühlung *steigt der Stoffwechsel* fast um die Hälfte seines Ausgangswertes an (oberer Teil der Abbildung). Gleichzeitig mit Beginn der Abkühlung *beginnt die Rektaltemperatur geringfügig zu steigen*.
Eine weitere thermoregulatorische Folge der Abkühlung ist die *Drosselung der Hautdurchblutung* (unterer Teil der Abbildung).

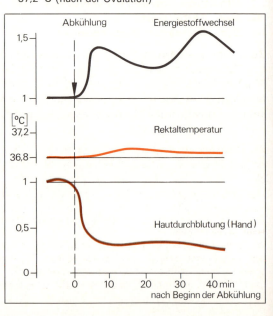

7. LE/6

Um die Temperatur des Körperkerns weitgehend konstant zu halten, besitzt der Organismus eine Reihe von **Mechanismen,** mit deren Hilfe er die *Temperaturregulation* durchführt. Das sind die Mechanismen der **Wärmebildung** und der **Wärmeabgabe.**

7.2 Mechanismen der Wärmebildung

Sie werden sich vielleicht fragen, woher die „Körperwärme" eigentlich stammt. Wenn Sie bedenken, daß tote Menschen „kalt" sind, dann liegt die Vermutung nahe, daß die Wärme etwas mit dem Leben, also der Tätigkeit des Organismus, zu tun hat.

In Ruhe werden ca. 0,3 l O_2 pro Minute verbraucht und damit per Verbrennung ca. ≈ 7 kJ Wärme pro Minute produziert. Diese **Wärmeproduktion** steht dem Körper zur Regulation der Körpertemperatur zur Verfügung.

Bei **körperlicher Aktivität** *steigt die Wärmeproduktion* des Organismus erheblich an. Bei körperlicher Ruhe sinkt sie ab. Das ist jedoch nicht der Grund dafür, daß im Verlauf des Tages Schwankungen der Körpertemperatur festzustellen sind.   ■ **44**

Der menschliche Organismus besitzt drei Möglichkeiten, um bei niedrigen Umgebungstemperaturen dem Absinken der Körperkerntemperatur entgegenzuwirken, wenn wir von der Möglichkeit der gezielten körperlichen Aktivität (z. B. Aufwärmarbeit) einmal absehen. Diese Möglichkeiten sind: ■ **45**

   I. Die Steigerung des Muskeltonus
   II. Das „Kältezittern"
   III. Die „chemische Thermogenese".

Zu I.: Eine **Steigerung des Muskeltonus** kann ohne äußerlich sichtbare Bewegung auftreten. Dabei erhöht sich der *Spannungszustand* der Muskulatur, und es wird vermehrt Wärme gebildet. Wenn die Umgebungstemperatur weiter absinkt, verstärkt sich der Muskeltonus, und es kommt zu rhythmischen Bewegungen der Muskulatur; das *Kältezittern* setzt ein.

Zu II.: Während des **Kältezitterns** steigt die Sauerstoffaufnahme ca. um das 5fache und die damit einhergehende Wärmebildung um das 3fache.

Allerdings ist das Kältezittern eine *unökonomische* Maßnahme der Thermoregulation, weil während des Zitterns auch die *Hautdurchblutung zunimmt.* Infolgedessen steigt dann die Hauttemperatur und gleichzeitig die *Wärmeabgabe* über die Haut an die Umgebung.

Wenn das Kältezittern eingesetzt hat, ist zudem die *Willkürmotorik* (die willentlich ausgeführten Bewegungen) *beeinträchtigt.* Das bedeutet, daß im schulischen und außerschulischen Sportunterricht bei niedrigen Umgebungstemperaturen auf entsprechende Kleidung und sorgfältige Aufwärmarbeit zu achten ist.

53

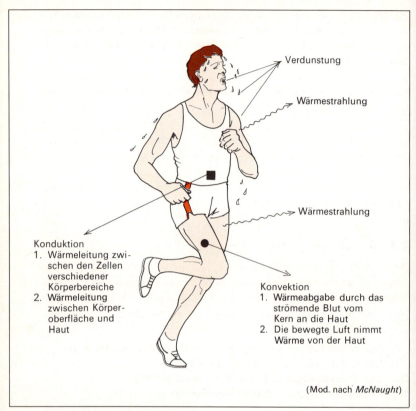

(Mod. nach *McNaught*)

■ **46: Mechanismen der Wärmeabgabe**

Wenn keine Möglichkeiten bestünden, die Wärme, die der Organismus produziert, abzugeben, würden nach kurzer Zeit die Zellen an Überhitzung zugrunde gehen. Die Wärme wird im Körperkern gebildet und muß an die Umgebung abgegeben werden. Deshalb unterteilt man den Vorgang in zwei „*Transportstrecken*":

1. Vom Körperkern zur Haut.
2. Von der Hautoberfläche zur Umgebung.

Zur Bewältigung dieser Transportstrecken stehen vier verschiedene „*Transportmittel*" zur Verfügung.

1. Die *Konduktion* (Wärmeleitung) tritt aufgrund molekularer Vorgänge beim Durchgang der Wärme durch die verschiedenen Körpergewebe und beim Kontakt der Haut mit benachbarten Gegenständen auf.
2. Die *Konvektion*, die eine relativ hohe Bedeutung besitzt. Hier findet der Transport von Wärmeenergie durch strömende Flüssigkeiten (Blut) und Gase statt.
3. Die *Wärmestrahlung*, bei der Wärmeenergie durch elektromagnetische Wellen übertragen wird. Die Wärmestrahlung geht von der Haut aus.
4. Die *Verdunstung* geschieht durch das Verdampfen von Wasser (Schweiß) auf der Haut und in den Atemwegen (an den Schleimhäuten).

7. LE/8

Zu III.: Die dritte Möglichkeit der Steigerung der Wärmeproduktion ist die sog. **chemische Thermogenese** (zitterfreie Wärmebildung), die allerdings für den erwachsenen Menschen weitgehend unbedeutend ist.

Bei der chemischen Thermogenese wird im *braunen Fettgewebe,* das eine hohe Kapazität der aeroben Energiebereitstellung besitzt, der Stoffwechsel gesteigert. Bei Kälte wird die Wärmeproduktion in diesem Gewebe über den *Sympathicus* aktiviert.
Auf diese Weise wird dem Absinken der Körperkerntemperatur im Rückenmarksbereich und im Thorax, wo das braune Fettgewebe liegt, entgegengewirkt. Diese *„innere Heizung"* ist allerdings nur bei Säuglingen und Kleinkindern nachgewiesen.

Welche Möglichkeiten der Organismus besitzt, Wärme zu produzieren, haben Sie nun gesehen. Doch auf welche Weise wird die Wärme abgegeben?

7.3 Mechanismen der Wärmeabgabe

Wenn bei hoher körperlicher Aktivität im Organismus die Wärmeproduktion ansteigt, müssen Transportmechanismen eingesetzt werden, die die Wärme vom Ort ihrer Bildung zum Ort der Abgabe hinführen.

Diese **Wärmeabgabemechanismen** werden in vier Gruppen unterteilt:

■ 46

   I. **Die Wärmeabgabe durch Konduktion (Wärmeleitung)**
  II. **Die Wärmeabgabe durch Konvektion**
 III. **Die Wärmeabgabe durch Wärmestrahlung**
 IV. **Die Wärmeabgabe durch Verdunstung.**

Bei der Abgabe der im Organismus produzierten Wärme müssen zwei **„Transportstrecken"** berücksichtigt werden.

1. Der Wärmetransport vom Körperkern zur Haut.
2. Der Wärmetransport von der Hautoberfläche zur Umgebung.

7.3.1 Der Wärmetransport vom Körperkern zur Haut

Der Wärmetransport auf dem Weg der **Konduktion** (Wärmeleitung) durch die Körpergewebe ist relativ unbedeutend.

Unter Konduktion versteht man den Transport von „Wärmeenergie" aufgrund molekularer Vorgänge in einem ruhenden Medium. Dabei *übertragen* die schnelleren Moleküle des wärmeren Bereichs *kinetische Energie* auf die im Mittel langsameren Moleküle des kälteren Bereichs.

55

7. LE/9

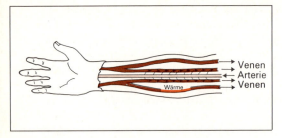

■ **47: Wärmeaustausch im „Gegenstrom"**
Bei niedrigen Außentemperaturen wird die Wärmeabgabe an den Extremitäten noch dadurch gedrosselt, daß Wärme vom wärmeren *arteriellen Blut* durch die anatomische Nachbarschaft zwischen Arterie und Vene direkt an das kältere, aus der Peripherie kommende, *venöse Blut* abgegeben wird. Auf diese Weise entsteht ein „Wärmeaustausch im Gegenstrom", durch den Wärmeverluste klein gehalten werden können.

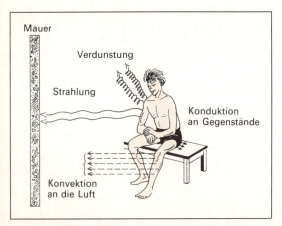

■ **48: Mechanismen der Wärmeabgabe von der Haut zur Umgebung**
Insgesamt stehen vier Mechanismen der Wärmeabgabe von der Haut zur Umgebung zur Verfügung. Das sind *Konduktion, Konvektion, Strahlung* und *Verdunstung*.

7. LE/10

Wesentlich wichtiger ist die **Konvektion** als Transportmechanismus für die Wärme auf dem Weg vom Körperkern zur Haut.

Unter Konvektion ist der *Transport von Wärmemengen durch strömende Flüssigkeiten* (z. B. Blut) *oder Gase* (z. B. Atemluft) zu verstehen. Im Gegensatz zur Wärmeleitung (Konduktion) ist die Konvektion ein Vorgang, bei dem erheblich *größere* Wärmemengen übertragen werden können.

Da das **Blut** eine große **Wärmekapazität** besitzt, bietet es sich als „Transportmittel" für die Wärme zwischen Körperkern und Haut geradezu an. Die *Extremitäten* besitzen im Vergleich zu ihrem Volumen eine relativ große Oberfläche. Daher sind sie bevorzugte Stellen der *Wärmeabgabe*.

Zur Wärmedämmung

In welchem Ausmaß die Wärme an die Körperoberfläche abgegeben werden kann, hängt auch von der *Wärmedämmung der* **Körperschale** ab. Diese besitzt, wie die Wand eines Hauses, die Fähigkeit, den Durchgang der Wärme zu behindern und auf diese Weise wärmedämmend zu wirken.

Die Fähigkeit der Wärmedämmung wird durch die **Hautdurchblutung** ■ 47 geregelt. Bei *Kälte* wird die Hautdurchblutung gedrosselt, wodurch der Durchgang der Wärme erschwert wird. Bei *Wärme* (hohe Raumtemperatur) wird die Durchblutung der Haut gefördert und der Wärmedurchgang dadurch erleichtert.

7.3.2 Der Wärmetransport von der Hautoberfläche zur Umgebung

Nachdem die Wärme mittels Konduktion und Konvektion vom Körperkern zur Hautoberfläche gelangt ist, stellt sich die Frage, wie die Wärme dann von der Haut an die Umgebung abgegeben werden kann.

Dabei müssen Sie zunächst berücksichtigen, daß die abgegebene Wärme von der **wirksamen Körperoberfläche** abhängig ist, die je nach Körperhaltung zwischen 50% und 80% der anatomischen Oberfläche betragen kann. Diese wirksame Körperoberfläche kann z. B. durch ein „Zusammenkauern" bei Kälte verkleinert werden, wodurch auch die Wärmeabgabe an die Umgebung sinkt.

Grundsätzlich unterscheidet man *autonom gesteuerte Reaktionen der Thermoregulation* (Hautdurchblutung, Schweißproduktion) und *Verhaltensweisen der Thermoregulation* (z. B. „Kauerstellung", Kleiderwahl).

Die Transportmechanismen von der Haut zur Umgebung bestehen zu- ■ 48 nächst wieder aus **Konduktion** und **Konvektion**, also der Wärmeabgabe an die auf der Haut ruhenden Luftschichten und der Wärmeabgabe an die außerhalb dieser körpernahen Luftschicht vorbeiströmenden Luftschichten. Darüber hinaus stehen **Wärmestrahlung** und **Verdunstung** für die Wärmeabgabe zur Verfügung.

57

7. LE/11

Konduktion Konvektion	= 3 300 kJ	30%
Strahlung	= 4 950 kJ	45%
Verdunstung	= 2 750 kJ	25%
	11 000 kJ	100%

■ **49: Anteile der Mechnismen der Wärmeabgabe**

Sie sehen aus der Zusammenstellung, daß der größte Anteil der Wärmeabgabe von der Haut zur Umgebung durch die *Strahlung* geschieht.
Der Gesamtbetrag von 11 000 kJ entspricht der täglichen Wärmeproduktion eines körperlich leicht arbeitenden Menschen bei 20 °C Umgebungstemperatur.

■ **50: Wärmestrom des Körpers unter verschiedenen Bedingungen**

Die Wärme wird im Inneren des Körpers gebildet und vom Körperkern nach außen über die Haut abgegeben.
Bei einer Umgebungstemperatur von *20 °C* sind Leitung (Konduktion), Konvektion und Verdunstung etwa in gleichem Maß beteiligt. Die *Strahlung* nimmt einen größeren Umfang ein.
Bei einer Lufttemperatur von *35 °C* tritt die *Verdunstung* in den Vordergrund.
Kommt zu einer Lufttemperatur von 30 °C

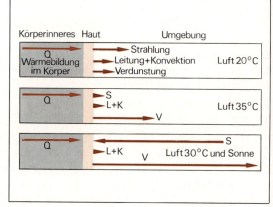

die Sonnenstrahlung hinzu, kann der Körper über Strahlung in der Bilanz kaum noch Wärme abgeben. Den größten Anteil der Wärmeabgabe übernimmt dann die Verdunstung (Schweiß).

In kalter Umgebung	**In warmer Umgebung**
Aktivierung des Temperaturregelzentrums durch Kälterezeptoren	Aktivierung des Temperaturregelzentrums durch Wärmerezeptoren
↓	↓
Gefäßverengung und damit über Reduktion der Hautdurchblutung Verstärkung der Wärmedämmung	Gefäßerweiterung und Anstieg des venösen Rückstroms mit Anstieg der Hauttemperatur und Anstieg der Wärmeabgabe über Konvektion und Strahlung
↓	↓
Zunahme der Stoffwechselaktivität (Muskeltonus, Muskelzittern, chemische Wärmebildung) und dadurch erhöhte Wärmeproduktion	Aktivierung der Schweißdrüsen und Schweißabsonderung mit Wärmeentzug durch Wasserverdunstung auf der Haut

■ **51: Ablauf der Thermoregulation in kalter und warmer Umgebung**

7. LE/12

1. Wärmestrahlung

Unter Wärmestrahlung ist die *Übertragung von Wärmeenergie durch elektromagnetische Wellen* zu verstehen. Die durch Wärmestrahlung vom Menschen abgegebene Wärmemenge nimmt mit steigenden Hauttemperaturen rapide zu, d.h., je höher die Hauttemperatur ist, desto mehr Wärme wird durch Wärmestrahlung abgegeben.

Die Abgabe durch Wärmestrahlung über die Haut kann dann zum **Problem** werden, wenn Sie sich in der kalten Jahreszeit leicht bekleidet in der Nähe der großen Fensterflächen in Sport- oder Schwimmhallen aufhalten. Diese Fensterflächen weisen eine relativ geringe Oberflächentemperatur auf, und Sie verlieren trotz hoher Raumtemperatur wegen der großen Temperaturdifferenz zwischen Haut und Fensterfläche viel Wärme durch Strahlung.

Dadurch sinkt die Hauttemperatur und damit auch die Kerntemperatur. Die Folgen sind Abnahme der motorischen Lernbereitschaft und Gefahren von Infektionen der Atemwege.

2. Verdunstung

Die Möglichkeit der Wärmeabgabe von der Haut zur Umgebung durch Verdunstung hat jeder von uns als „Schwitzen" schon kennengelernt. *Pro Liter* **Schweiß**, der auf der Haut verdampft, wird dem Körper eine Wärmemenge von 2400 kJ entzogen, was etwa *einem Drittel des Grundumsatzes* entspricht!

Neben den *Atemwegen* kann die Wasserabgabe durch die *Schweißdrüsen* und durch die *nicht wasserdichte Haut* zwischen den Schweißdrüsen erfolgen.

Die Schweißabsonderung aus den Schweißdrüsen ist ein **Sekretionsvorgang**, der vom *sympathischen Nervensystem* ausgelöst wird und beim ruhenden, unbekleideten Menschen bei einer mittleren Hauttemperatur von $\approx 35\,°C$ beginnt.

Alles in allem sind also *Konduktion, Konvektion, Strahlung* und *Verdunstung* für die gesamte Wärmeabgabe pro Flächeneinheit Körperoberfläche an die Umgebung verantwortlich. Allerdings bestimmen äußere Faktoren, wie z. B. *Außentemperatur, Luftfeuchtigkeit, Wind* und das Vorhandensein von *Strahlungswärme (Heizkörper)*, in welchem Ausmaß die einzelnen Faktoren für die Wärmeabgabe wirksam werden.

■ 49

■ 50

■ 51

7. LE/13

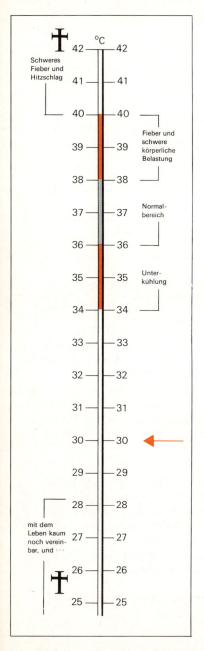

Auch beim Schwimmen mit Herzkranken sollte die Wassertemperatur 32–33 °C betragen. Kälteres Wasser führt über die beschriebene Gefäßverengung zum Blutdruckanstieg mit Zunahme des myokardialen Sauerstoffbedarfs. Außerdem verlagert der durch das Wasser erhöhte Druck auf der Haut Blut aus dem Hautbereich in die zentralen herznahen Kreislaufabschnitte. Das Herz wird dadurch zusätzlich volumenüberlastet. Nur bei geringgradigen Erkrankungen sollten Herzkranke mit mäßiger Geschwindigkeit ($\approx$ 25 m/min) unter rehabilitativem Aspekt schwimmen.

Bei der Erstbehandlung von Unterkühlungen muß eine Durchmischung des kälteren Blutes der Körperschale mit dem noch wärmeren Blut des Körperkerns verhindert werden. Dieser auf die Körperkerntemperatur bezogene sog. „after drop" verstärkt die Gefahr des Herzkammerflimmerns. Deshalb sind Bewegungen des Körpers des Unterkühlten zu vermeiden und Massagen und Schneeabreibungen unbedingt zu unterlassen.

■ **52: Normbereich und Grenzbereiche der Körperkerntemperatur**

7. LE/14

7.3.3 Temperaturregulation am Beispiel „Aufenthalt im Wasser"

Für die Maßnahmen der Temperaturregulation ist das **Temperaturregelzentrum im Zwischenhirn** verantwortlich. Dieses Zentrum löst die verschiedenen Mechanismen im Bereich der *Gefäße*, des *Stoffwechsels* und die *Schweißabsonderung* aus.

Wir wollen Ihnen nun am Beispiel des Aufenthaltes im Wasser die Mechanismen der Temperaturregulation verdeutlichen. Stellen Sie sich bitte vor, Sie würden bei einer Wassertemperatur von 17 °C in einem europäischen Meer schwimmen gehen!

Im Wasser ist der *Wärmeübergang* von der Haut in die Umgebung ca. 200mal besser als an Land beim Übergang in Luft gleicher Temperatur. Die dadurch hervorgerufene erhöhte Wärmeabgabe führt zum Absinken der Hauttemperatur. Dadurch vergrößert sich wiederum die Temperaturdifferenz zwischen Körperkern und Körperschale.
Der Grund, weshalb Sie sich überhaupt noch im Wasser aufhalten können, liegt in der gesteigerten *Wärmedämmung* des Körpers, die auf die Drosselung der Hautdurchblutung zurückzuführen ist.
Die Grenze, ab der Lebensgefahr besteht, liegt bereits bei einer Körperkerntemperatur von 30 °C. Nach 1 Std. Aufenthalt im Wasser bei einer Wassertemperatur von +15 °C hat sich die Körperkerntemperatur schon um 2–3 °C erniedrigt. Sinkt die Körperkerntemperatur auf 25 °C, tritt der Tod ein.
Bei Unglücksfällen in kaltem Wasser sollten *Schwimmbewegungen auf ein Minimum* reduziert werden, da die Körperkerntemperatur bei Schwimmenden wegen der Zunahme der peripheren Durchblutung stärker abnimmt. Außerdem sollte die *Kleidung* nicht ausgezogen werden, da sie ebenfalls wärmedämmend wirkt.

Wenn eine extreme Belastung der Mechanismen der Temperaturregulation auftritt, kann deren Kapazität überschritten werden. Eine zu hohe Wärmebelastung führt zu einem Wärmestau und **Hyperthermie** (s. S. 65). Ein zu starkes Absinken der Körperkerntemperatur wird als **Hypothermie** bezeichnet.

■ 52

Die *Anzeichen einer drohenden Unterkühlung* sind Müdigkeit, erschwerte Muskelarbeit, Schlafneigung bis hin zur Bewußtlosigkeit. Der Tod tritt durch Herzkammerflimmern bei einer Körperkerntemperatur von 25–28 °C ein. Kinder mit ihrer in bezug zum Volumen großen Körperoberfläche und meist geringem Unterhautfettgewebe kühlen relativ rasch aus und zeigen dann starke Verschlechterungen der motorischen Koordination, die ein Erlernen motorischer Grobformen (z. B. Schwimmstilarten) bei längerem Aufenthalt in relativ kühlem Wasser fast unmöglich macht.
Für den Schwimmunterricht wird deshalb eine Wassertemperatur von 28 °C, für Kleinkinder sogar von 32 °C empfohlen.

61

53: O₂-Aufnahme und Körpertemperatur

Auf der Abszisse ist die Sauerstoffaufnahme in l/min angegeben, und auf der Ordinate erscheint die Körpertemperatur in °C.
Sie sehen, daß eine *lineare* Beziehung zwischen der Sauerstoffaufnahme und der Körpertemperatur besteht.
Eine Sauerstoffaufnahme von 2 l/min entspricht einer Körpertemperatur von ca. 37,7 °C, eine Sauerstoffaufnahme von 4 l/min dagegen schon einer Körpertemperatur von ca. 39,5 °C, also einem Wert, wie er bei körperlicher Ruhe im Fieber auftritt.

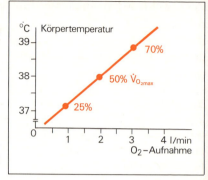

Der Anstieg der Körperkerntemperatur bei körperlicher Belastung steht besser zur O₂-Aufnahme in % der maximalen O₂-Aufnahme $\dot{V}_{O_{2max}}$) in Beziehung.

25% $\dot{V}_{O_{2max}}$ → 37^3 °C
50% $\dot{V}_{O_{2max}}$ → 38^0 °C
70% $\dot{V}_{O_{2max}}$ → 38^5 °C

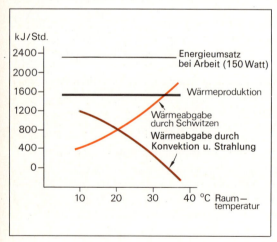

54: Wärmeabgabe bei körperlicher Aktivität unter steigender Raumtemperatur

Der Energieumsatz und die Wärmeproduktion durch konstante Arbeit vergrößern sich bei steigender Raumtemperatur nicht. Demgegenüber steigt die *Wärmeabgabe durch Schwitzen* (Verdunstung) von 400 auf ca. 1 800 kJ/Std. bei einer Raumtemperatur von knapp 40 °C. Die Wärmeabgabe durch *Konvektion und Strahlung* nimmt ab.

7. LE/16

7.4 Temperaturregulation bei körperlicher Aktivität

Bei körperlicher Aktivität steigt der Energieumsatz in Abhängigkeit von der Schwere der Belastung an. Zwischen 75% und 97% der dabei eingesetzten Energie werden in Wärme umgewandelt.

Die bei der körperlichen Aktivität vermehrt gebildete Wärme führt über eine Erhöhung der *Muskeltemperatur* zu einer Erhöhung der *Körperschalentemperatur* und anschließend zu einer Erhöhung der *Körperkerntemperatur*. Diese steigt *linear* mit der wachsenden *Sauerstoffaufnahme* an. ■ **53** Die Körperkerntemperatur kann bei schwerer körperlicher Belastung durchaus bis auf 40 °C steigen!

Sie sehen daraus, daß der Organismus offenbar die gesamte Wärme, die er bei körperlicher Aktivität bildet, nicht über die Mechanismen der Wärmeabgabe beseitigen kann. *Die Körperkerntemperatur steigt!* Dieser Vorgang wird als **„Belastungs-Hyperthermie"** bezeichnet.

Belastungs-Hyperthermie

Die Ursachen für die Belastungs-Hyperthermie sind noch nicht völlig geklärt.

– Es werden die Produktion großer Wärmemengen und damit ein mehr *passiver Temperaturanstieg* bei schwerer körperlicher Belastung sowie eine *aktive Verstellung des „Sollwertes"* der Körperkerntemperatur – ähnlich wie im Fieber – diskutiert.

– Andere Überlegungen gehen davon aus, daß das Temperaturregelzentrum im Zwischenhirn an der *Grenze seiner „Regelfähigkeit"* angelangt ist, weil es auf der Hautoberfläche eine *Abnahme der Hauttemperatur* durch die Schweißabsonderung und im *Körperkern einen Anstieg der Temperatur* verarbeiten muß.

Wenn Sie sich bei steigenden Umgebungstemperaturen körperlich belasten, verschlechtern sich die Bedingungen der Wärmeabgabe mittels *Konvektion* und *Strahlung*. Somit muß die Wärmeabgabe über die **Verdunstung** ansteigen. ■ **54**

Das bedeutet aber, daß die **Schweißsekretion** ebenfalls ansteigen muß.

63

7. LE/17

■ 55: Lebensalter- und Geschlechtsunterschiede bei Hitzebelastungen

Kinder: bessere Wärmeabgabe – geringe Hitzetoleranz

Ältere: geringere thermische Toleranz – besonders bei zusätzlichen Wasserverlusten

Frauen: weniger Schweißdrüsen als Männer, aber bessere Wärmeleitfähigkeit der dünneren Haut; bessere Hitzebelastbarkeit in 1. Zyklushälfte; annähernd der des Mannes entsprechend

„Die Frau glüht,
der Mann transpiriert!"

■ 56: Anzeichen eines Wasserverlustes

Das mit dem Schweiß verlorene Wasser stammt anfangs hauptsächlich aus dem *interstitiellen Volumen*.
Erst nach einer Absonderung von 1–2 l Schweiß nimmt auch das *Plasmavolumen* ab.

Anzeichen eines Wasserverlustes
(z. B. ca. 70 kg schwerer Mann)
Wasserdefizit
1,5 l ($\approx$ 2%) : Durst
4,0 l ($\approx$ 5%) : Durst, Schwäche, Aggressivität
5,0 l ($\approx$ 6%) : starke Abnahme der körperlichen und geistigen Leistungsfähigkeit

■ 57: Hitzebelastung und Sport

Bei Ausdauerbelastungen unter erhöhten Umgebungstemperaturen soll 1 l Flüssigkeit/Stunde – verteilt auf 0,25 l/15 min – getrunken werden (*Wyndham*). Diese Flüssigkeit ist zum Ersatz von verbrauchtem Brennstoff mit Zucker ($\approx$ 50 g/l) zu versetzen. Nicht zu kalt trinken!

7. LE/18

Wenn Sie sich in einem Raum mit der Temperatur von 25 °C aufhalten, beginnt die Schweißproduktion, wenn die Körpertemperatur 37,1 °C beträgt und die Hauttemperatur über 34,8 °C ansteigt. Wenn bei körperlicher Aktivität die Kerntemperatur weiter ansteigt, sinkt die Schwelle der Hauttemperatur, bei der das Schwitzen einsetzt, weiter ab. Dabei *steigt zunächst die Schweißproduktion stärker an*, als es unter Berücksichtigung des Energieumsatzes und der Wärmeproduktion eigentlich notwendig wäre.

Das hat zur Folge, daß die mittlere Hauttemperatur trotz der ansteigenden Körpertemperatur abnimmt, wodurch sich das *Temperaturgefälle* zwischen Körperkern und Haut vergrößert. Auf diese Weise wird die *Wärmeabgabe* vom Kern zur Oberfläche hin verbessert. ■ 55

Allerdings tritt natürlich im Zusammenhang mit der Schweißproduktion ein immer größer werdender **Wasserverlust** auf! Bei sportlichen Aktivitäten unter hohen Umgebungstemperaturen können Flüssigkeitsverluste bis zu 2 l/Std auftreten. ■ 56

Marathonläufer verlieren während eines Laufes 2–4 l Schweiß, selbst wenn die Umgebungstemperatur nur 20 °C beträgt.

Gleichzeitig mit dem Schweiß **verliert** der Körper **Kochsalz** (NaCl), da im Schweiß 3 g NaCl/l enthalten sind. **Salze haben die Aufgabe, im Organismus Wasser zu binden,** das für die Zellfunktion dringend benötigt wird. Es reicht deshalb nicht aus, bei Flüssigkeitsverlusten nur Wasser o. ä. zuzuführen, weil diese Flüssigkeiten ohne Salze nicht im Körper „gehalten" werden können. Salzverluste durch Schwitzen werden nach neueren Mitteilungen meist überschätzt. Der Salzgehalt des Schweißes beträgt beim Ausdauertrainierten nur ≈ 1 g/l Schweiß. So sind kritische leistungsmindernde Salzverluste (>15 g/Tag) selbst bei Schweißmengen von 2–4 l pro Marathonlauf bei 20 °C kaum möglich. Außerdem enthält die mitteleuropäische Ernährung im Durchschnitt zu viel Salz. ■ 57

7.5 Versagen der Hitzetoleranz

Wie Sie bereits gesehen haben (s. S. 61), funktioniert die Thermoregulation nur innerhalb gewisser Toleranzgrenzen. Wenn die im Körper produzierte oder ihm von außen zugeführte Wärmemenge (Sonneneinstrahlung) über die Mechanismen der Wärmeabgabe nicht abgeführt werden kann, droht eine passive Überwärmung des Organismus, eine *Hyperthermie*.

Die Regelmechanismen bleiben bis ca. 40,5 °C Körperkerntemperatur funktionsfähig. Als Obergrenze, ab der die Lebensfähigkeit des menschlichen Organismus ernsthaft in Frage gestellt ist, gelten 41 °C!

65

7. LE/19

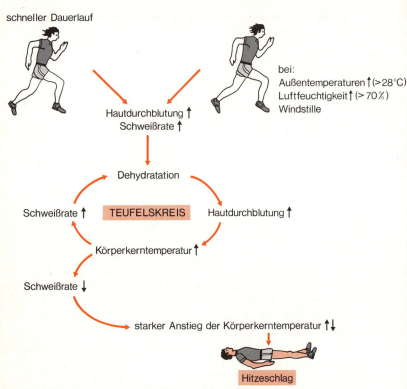

58: Entstehungsmechanismen des Hitzschlages beim Dauerlauf
(nach Appenzeller/Atkinson)

Prinzip: Dosierter Wärmeentzug unter ständiger Kontrolle der Körperkerntemperatur und des Kreislaufs (Pulsfrequenz)

1. Patienten in den Schatten oder kühlen Raum legen
   Ziel: Wärmezufuhr drosseln und Wärmeabgabe erhöhen
2. Haut mit Wasser bespritzen
   Ziel: Wärmeabgabe durch Verdunstung fördern
3. Für Luftbewegung über dem Körper sorgen bis die Rektaltemperatur ≈ 38 °C erreicht hat
4. Für den Transport ins Krankenhaus sorgen
   Ziel: Behandlung eines drohenden Kreislaufversagens
5. Bei längerdauernden Wettkämpfen in warmer Umgebung ausreichend trinken
   Ziel: Kreislaufauffüllung, Schwitzwasser ersetzen!

■ **59: Maßnahmen der Ersten Hilfe bei Hitzeunfällen**

7. LE/20

Man unterscheidet eine Reihe von **leistungsmindernden Folgezuständen** auf Hitzeeinwirkung, die ernste Gefährdungen darstellen:

  I. Der Hitzschlag
  II. Der Hitzekollaps
III. Der Hitzekrampf der Muskulatur.

Zu I.: Ursache des **Hitzschlages** ist eine direkte *Schädigung des Nervensystems* durch hohe Körperkerntemperaturen im Bereich des Temperaturregelzentrums im Zwischenhirn. ■ 58

Obwohl beim Hitzschlag die Körperkerntemperatur auf 40 °C angestiegen ist, *versagt die Schweißproduktion* als Möglichkeit der Wärmeabgabe. Also steigt die Körperkerntemperatur weiter an bis etwa bei 41,5 °C *Bewußtlosigkeit* und bei ca. 43,5 °C der *Tod* eintritt.
Die wesentlichsten Anzeichen eines drohenden Hitzschlags sind:

– Gereiztheit und Aggressivität im Vorstadium

– Desorientiertheit („läuft falsche Wege")

– starrer glasiger Blick

– schwankender, schlecht koordinierter Gang

– meist trockene Haut

– leicht unterdrückbarer Puls, Kollapsgefahr

– Rektaltemperatur über 40 °C

– Bewußtlosigkeit.

Bitte sehen Sie sich die **Maßnahmen der Ersten Hilfe** bei Hitzeunfällen auf der **Materialseite** an! ■ 59

Zu II.: Der **Hitzekollaps** ist von dem schwereren Krankheitsbild des Hitzschlags zu unterscheiden. Bei einem Hitzekollaps kommt es zu einem *Kreislaufversagen* mit Blutdruckabfall und Bewußtlosigkeit.

Bei Hitze kommt es zu einer starken Zunahme der Hautdurchblutung. Die Folge davon kann eine Diskrepanz zwischen dem Fassungsvermögen der geweiteten Gefäße und der zirkulierenden Blutmenge sein, d. h., es steht *nicht mehr genügend Blutvolumen zur Versorgung des Gehirns* zur Verfügung.

Diese Form des Kreislaufversagens wird gefördert durch

– längeres Stehen in heißer Umgebung (zusätzliche Verlagerung von Blutvolumen in die Beine),

– körperliche Aktivität (weite Muskelgefäße),

– Verminderung der zirkulierenden Blutmenge (durch Flüssigkeitsverluste).

7. LE/21

1. Durch die körperliche Aktivität während des aktiven Aufwärmens wird in der *Muskulatur* mehr Wärme gebildet. Mit dem Blutstrom wird die Wärme zu den anderen Organen transportiert, wodurch schließlich auch die *Körperkerntemperatur* ansteigt.

2. Mit der steigenden Temperatur beschleunigen sich die *Stoffwechselprozesse* im Muskel und damit auch die Energiebereitstellung. Dadurch erhöht sich die Leistungsfähigkeit der Muskulatur.

3. Mit steigender Temperatur nimmt die Empfindlichkeit der Nervenenden, der Rezeptoren und die Geschwindigkeit der Nachrichtenübermittlung im *Nervensystem* zu. Dadurch erhöht sich die „Sensitivität" des Sportlers, und seine Aufmerksamkeit und Reaktionsfähigkeit werden verbessert.

4. Mit steigender Temperatur werden die elastischen und viskösen Widerstände in der Muskulatur herabgesetzt. Dadurch wird die *Kontraktionsgeschwindigkeit* erhöht, und die maximale Kraft kann entfaltet werden.

5. Durch die aktive Aufwärmarbeit werden wiederholt Muskeln, Sehnen und Bänder gedehnt. Dadurch wird die Rißbereitschaft *(Verletzungsgefahr)* herabgesetzt.

6. Durch das aktive Aufwärmen verdickt sich die hyaline Knorpelschicht an den Gelenkflächen. Dadurch verteilen sich die einwirkenden Kräfte auf eine größere Fläche, d.h., der *Belastungsdruck* wird verringert.

7. Durch die aktive Aufwärmarbeit wird die Tätigkeit des Herz-Kreislauf-Systems gesteigert. Atemminutenvolumen und Herzminutenvolumen nehmen zu, und die Muskeldurchblutung verbessert sich. Bei Beginn des Wettkampfes kann dann eine größere Menge an Energie aerob bereitgestellt werden, und das *initiale O_2-Defizit* wird reduziert.

8. Nach jeder Unterbrechung der Ausübung einer Sportart (z.B. von Tag zu Tag) tritt ein gewisser Übungsverlust auf, der sich in der Verschlechterung der koordinativen Leistung äußert. Durch das aktive Aufwärmen entsteht eine *Phase der Einarbeitung*, die diesen Koordinationsverlust kompensieren kann.

9. Durch aktive Aufwärmarbeit werden auch die *psychischen Voraussetzungen* für den optimalen Trainings- und Wettkampfablauf verbessert.

■ **60: Physiologische Wirkungen der aktiven Aufwärmarbeit**

7. LE/22

Zu III.: Hitzekrämpfe (z. B. Wadenkrämpfe) während sportlicher Belastungen sind selten salzmangelbedingt.
Viel häufiger wird beim Hitzekrampf ein Sauerstoffmangel der Muskelzelle bei starker körperlicher Belastung und gleichzeitig bestehendem Wasserdefizit angenommen. Zusätzlich besteht oft noch ein Magnesiummangel.
Bergabläufe, harter Untergrund und holprige Wege (Rad!) provozieren diese Krämpfe.
Erstbehandlung: • Dehnung der betroffenen Muskulatur
• Streichmassage
• reichliches Trinken

7.6 Die Bedeutung der Aufwärmarbeit für körperliche Aktivität

Vor jeder körperlichen Aktivität im Sport, die den Rahmen der Alltagsbelastung überschreitet, sollte eine gezielte Aufwärmarbeit stehen.

Unter Aufwärmarbeit sind Maßnahmen zu verstehen, die den Sporttreibenden im physischen und psychischen Bereich auf die bevorstehende Belastung im Training oder Wettkampf vorbereiten. Dabei wird das **aktive Aufwärmen** vom **passiven Aufwärmen** unterschieden.

Das *aktive Aufwärmen* umfaßt aktiv ausgeführte Bewegungsprogramme zu Beginn des Trainings oder vor dem Wettkampf. Diese Bewegungsprogramme können aus allgemeinen und/oder sportartspezifischen Bewegungsabläufen und Belastungsformen bestehen. Zum aktiven Aufwärmen sind auch mentale Maßnahmen zu rechnen, die der psychischen Vorbereitung dienen.

a) Das **aktive Aufwärmen** besitzt verschiedene *physiologische Wirkungen*, die wir hier aufzählen: ■ 60

1. Anstieg der Muskel- und Körperkerntemperatur
2. Beschleunigung der Stoffwechselprozesse
3. Erhöhung der Leistungsfähigkeit des Nervensystems
4. Erhöhung der Kontraktionsgeschwindigkeit der Muskulatur
5. Verringerung der Verletzungsgefahr im Bereich der Muskeln, Sehnen und Bänder auf längere Sicht
6. Verringerung der Gelenkbelastung
7. Verringerung des initialen-O_2-Defizits
8. Ausgleich des Übungsdefizits durch „Einarbeiten"
9. Psychische Einstimmung

7. LE/23

Hopserlauf

Mattenlauf

Übungsformen für Aufwärmarbeit

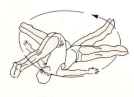

Beinkreisen Oberkörperkreisen

- Die Aufwärmzeit zu Beginn der Sportstunde soll wenigstens 5 Minuten betragen. Nach dieser Zeit sind bereits 50% des Aufwärmeffektes erreicht.
- Dauer, Intensität und Inhalt des Aufwärmprogramms haben die geringere Leistungsfähigkeit des jüngeren Schülers zu berücksichtigen.
- In den Sportstunden am frühen Vormittag ist die Aufwärmarbeit zu verlängern.
- Die Intensität im Verlaufe des Aufwärmprogramms ist langsam zu steigern. Nicht mit Sprung- und Sprintübungen beginnen.
- Das Aufwärmprogramm sollte allgemeine und spezielle, auf die Unterrichtsstunde bezogenen Übungen enthalten.
- Bei kalter Witterung ist die Aufwärmarbeit zu verlängern und langsamer als sonst üblich zu steigern.
- Bei warmer Witterung soll der Trainingsanzug erst *nach* dem Aufwärmen angezogen werden.

■ **61/1: Empfehlungen für die Aufwärmarbeit im Schulunterricht**

Laufstrecke	100 m	400 m	800 m
Leistungssteigerung	0,3–0,4 s 3–4%	1,5–3 s 3–6%	3–6 s 2,5–5%

■ **61/2: Leistungsverbesserung durch Aufwärmarbeit**

b) Wie Sie bereits gesehen haben (s. S. 58), ist eine Erhöhung der Körperkerntemperatur nicht nur über körperliche Aktivität, sondern auch z. B. durch Sonneneinstrahlung möglich. Diese Möglichkeit wird bei der **passiven Aufwärmarbeit** genutzt. Man setzt dabei Sauna, heiße Bäder und Bestrahlung ein.

Die Wärme wird dabei nicht vom Muskel selbst entwickelt, sondern von außen zugeführt. Es muß deshalb ein *langsamer Anstieg der Körperkerntemperatur* in Kauf genommen werden. Zudem entfallen viele Vorteile, die das aktive Aufwärmen bietet (s. S. 68). Aus diesen Gründen ist das passive Aufwärmen nur in Verbindung mit dem aktiven Aufwärmen als Trainings- oder Wettkampfvorbereitung zu empfehlen.

Aufwärmprogramm

In welchem *Umfang* und mit welcher *Intensität* Sie sich aufwärmen sollen, können wir Ihnen hier nicht vorgeben, da das von verschiedenen Faktoren abhängig ist.

Umfang und Intensität sind zunächst vom allgemeinen Zustand der *körperlichen Leistungsfähigkeit* abhängig. Untrainierte können nicht die gleiche Belastung auf sich nehmen wie Hochleistungssportler.
Auch die *Tageszeit* spielt eine Rolle. Am Morgen ist in der Regel eine längere Aufwärmarbeit notwendig als abends. Hinzu kommt das Alter des Sportlers. Bei Erwachsenen vollzieht sich die Umstellung der Organfunktionen nicht so schnell wie beim Kind. Der Erwachsene braucht deshalb eine längere Aufwärmzeit.
Die *klimatischen Bedingungen* spielen ebenfalls eine Rolle. Bei hohen Umgebungstemperaturen sollte die Aufwärmarbeit nicht so lang wie bei kühler Witterung erfolgen.

Viele Autoren geben als Faustregel an, daß ein ca. 15minütiges Aufwärmprogramm ausreicht, um einen Anstieg der Muskeltemperatur von 2 °C und damit eine genügende Leistungsverbesserung zu erzielen. Eine Verlängerung der Aufwärmarbeit auf ca. 30 min hat den Vorteil, daß sich inzwischen auch die Körperkerntemperatur erhöhen konnte, die dann stabilisierend auf die Muskeltemperatur wirkt.

Der Effekt der Aufwärmarbeit wirkt ca. 5 min in vollem Umfang nach. Er sinkt dann ■ 60 ab, bis nach 45 min kein Effekt mehr nachzuweisen ist. Dieser Effekt der Aufwärmarbeit ist durch eine Leistungssteigerung feststellbar.
Für die Leistungssteigerung ist entscheidend, daß sich besonders die Muskelpartien erwärmen, die sportartspezifisch im Aufwärmprogramm eingesetzt werden.

Wegen der Bedeutung der Aufwärmarbeit einerseits und der zeitlichen ■ 61 Beschränkung durch die Unterrichtsstunden in der Schule andererseits, sind *gezielte, zeitlich begrenzte* und dennoch **physiologisch wirksame Aufwärmprogramme** notwendig.

7. LE/25

Zeichnen Sie in der nachfolgenden Abbildung die unterschiedliche Ausdehnung von Körperschale und Körperkern bei niedriger und hoher Außentemperatur ein. Bezeichnen Sie auch die Temperaturen der einzelnen Bereiche!

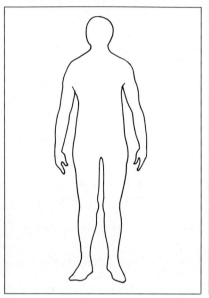

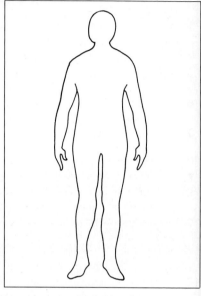

Hohe Außentemperatur   Niedrige Außentemperatur

Zeichnen Sie durch Pfeile in entsprechender Länge den Wärmestrom des Körpers unter verschiedenen Bedingungen unter Berücksichtigung der Mechanismen der Wärmeabgabe ein!

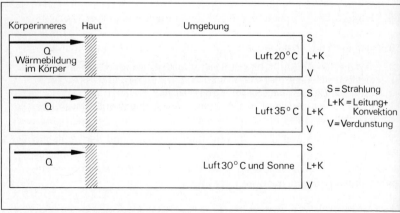

7. LE/26

7.7 Lernerfolgskontrolle

1. Definieren Sie die Begriffe „Körperkern" und „Körperschale"!
2. Ist der Mensch ein „homoiothermes" oder ein „poikilothermes" Lebewesen? Begründen Sie Ihre Antwort!
3. Welche Vor- und Nachteile besitzen die verschiedenen Meßorte am menschlichen Körper zur Bestimmung der Körperkerntemperatur?
4. Nehmen Sie zur Tagesperiodik der Körperkerntemperatur Stellung!
5. Erläutern Sie das allgemeine Prinzip der Temperaturregulation des Menschen!
6. Welche Mechanismen der Wärmebildung des menschlichen Organismus kennen Sie?
7. Einige Schüler einer Klasse weisen vor dem Sportunterricht in einer Sporthalle unwillkürliche, rhythmische und rasch ablaufende Muskelbewegungen auf. Worauf ist das zurückzuführen?
8. Über welche Mechanismen kann die Wärmeabgabe erfolgen?
9. Erläutern Sie die Wärmestrahlung als Mechanismus der Wärmeabgabe und der Wärmeaufnahme!
10. Welche Faktoren beeinflussen die Schweißverdunstung auf der Körperoberfläche?
11. Welchen Einfluß haben die Umgebungstemperatur, die Luftfeuchtigkeit und die Windgeschwindigkeit auf die Thermoregulation?
12. Sprechen Sie über Ursachen, Anzeichen und Erstbehandlung der Hyperthermie sowie über vorbeugende Maßnahmen!
13. Wie verhalten sich Muskeltemperatur und Körperkerntemperatur bei steigender körperlicher Ausdauerbelastung?
14. Nennen Sie die wichtigsten Anzeichen eines Wasserverlustes durch körperliche Aktivität im Sport, und gehen Sie auf behandelnde und vorbeugende Maßnahmen ein!
15. Erläutern Sie die physiologischen Wirkungen des aktiven Aufwärmens!
16. Welchen Effekt hat das passive Aufwärmen auf die körperliche Leistungsfähigkeit im Vergleich zum Effekt der aktiven Aufwärmarbeit?
17. Welche Nachteile und Gefahren bestehen für den Sportler durch fehlende oder ungenügende Aufwärmarbeit?
18. Geben Sie Empfehlungen für die Aufwärmarbeit im Sportunterricht der Schule!

8. LE/1

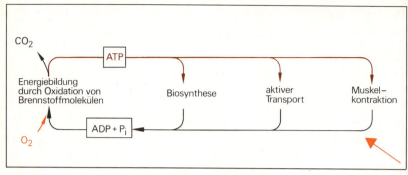

■ **62: Energiebenötigende Prozesse in den Zellen**
Biosynthese: z. B. Aufbau von zelleigenem Eiweiß für die Myofibrillen.
Aktiver Transport: z. B. Kaliumtransport „bergauf", d. h. vom Ort der niederen Konzentration (Zellumgebung) zum Ort der höheren Konzentration (Zellinneres).

■ **63: Energiebedarf im Sport**
Der Energiebedarf des Organismus wird am stärksten durch die Muskeltätigkeit im Sport, z. B. beim Sprint über 100 m, gesteigert.

8. LE/2

8. Lerneinheit:

Voraussetzungen für das Verständnis der körperlichen Aktivität im Bereich des Energieumsatzes

8.0 Lernziele

Nach Bearbeitung der 8. Lerneinheit sollen Sie in der Lage sein,

– die Energiebereitstellung in der Muskelzelle bei körperlichen Aktivitäten und die Wege der Energienachlieferung anhand von Beispielen aus den Sportarten zu beschreiben,

– die Änderung der Energiebereitstellung in der Muskelzelle durch Ausdauertraining zu erläutern und

– die Größe des Energieumsatzes häufig betriebener Sportarten zu beurteilen.

8.1 Energieverbrauchende Vorgänge in der Muskelzelle

in den Zellen des lebenden Organismus laufen ständig energiebenötigende Prozesse ab. Für *Aufbau* und *Transportvorgänge* wird ebenso Energie gebraucht wie für die *Kontraktion* der Myofibrillen in der Muskelzelle. Der Energiebedarf des Organismus wird am stärksten durch die Muskeltätigkeit bei körperlicher Arbeit (Beruf, Sport) gesteigert.

■ 62 ←

Die für die Zellfunktionen benötigte Energie wird durch die sog. **biologische Oxidation** gewonnen.

Unter biologischer Oxidation versteht man die **schrittweise Oxidation** *der energiereichen Nährstoffe* – insbesondere Zucker, z. B. Traubenzucker (Glucose), und Fette (vor allem Fettsäuren) – *zu energiefreien Verbindungen* wie Kohlendioxid und Wasser. Die dabei schrittweise freiwerdende Energie wird größtenteils in **chemische Energie** überführt.

8.2 Prinzipien der Energiebereitstellung in der Muskelzelle

Wenn Sie 100 m in 14 s oder vielleicht sogar in 11 s sprinten, so steigt Ihr Energiebedarf in der beanspruchten Muskulatur plötzlich um mehr als das 100 fache an. Die *Energienachlieferung* durch die schrittweise Oxidation der Nährstoffe ist *viel zu langsam*, um die bei den ersten maximalen Muskelkontraktionen am Start benötigte Energie innerhalb von Sekunden bereitstellen zu können.

■ 63 ←

Die Muskelzelle verfügt jedoch über sog. **Energiespeicher**, aus denen die Energie für die Muskelkontraktion *schnell* und für 10–20 s in relativ großer Menge direkt bereitgestellt werden kann.

75

8. LE/3

Energiereiche Phosphatverbindungen in der Muskelzelle als sofort verfügbarer Energiespeicher

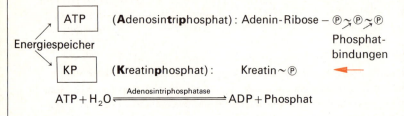

$$\text{ATP} + \text{H}_2\text{O} \xrightleftharpoons{\text{Adenosintriphosphatase}} \text{ADP} + \text{Phosphat}$$

Die Abspaltung des endständigen Phosphatrestes von ATP führt zur Energiefreisetzung. Die freie Energie dieser Reaktion beträgt unter Standardbedingungen

$$\approx 30 \text{ Kilo-Joule (kJ) pro mol ATP}$$

$$\text{Kreatinphosphat} + \text{ADP} \xrightleftharpoons{\text{Kreatinkinase}} \text{Kreatin} + \text{ATP}$$

Übertragung der energiereichen Phosphatgruppen des KP auf das ADP führt zur Resynthese des ATP.

8. LE/4

Diese **Energiespeicher** bestehen aus den energiereichen Phosphatverbindungen Adenosintriphosphat (ATP) und Kreatinphosphat (KP). ◄—

Bei der *Abspaltung des endständigen Phosphatrestes* vom **ATP** entsteht
Adenosin**di**phosphat, und es wird *Energie freigesetzt*, die die energie-
benötigenden Prozesse in der Zelle *direkt* beliefert. Vereinfacht läßt sich
sagen: ohne ATP keine Muskelkontraktion!
Der *ATP-Vorrat* im Muskel ist allerdings so *gering*, daß damit nur 3–4 maximale Muskelkontraktionen (3–4 Sprintschritte, 3–4 Ruderschläge…)
ausgeführt werden können. Um die rasche Erschöpfung des ATP-Spei-
chers zu verhindern, verfügt die Muskelzelle über eine *zweite energiereiche Phosphatverbindung*: das **Kreatinphosphat (KP)**, welches in größerer Konzentration im Muskel vorliegt und das *ATP wieder regeneriert*
(s. S. 76).

8.3 Energienachlieferung durch biologische Oxidation der Nährstoffe

Die Skelettmuskulatur besitzt somit **2 Energiespeicher:**

1. Der kleinere Energie„speicher" beliefert direkt die energiebenöti-
   genden Reaktionen in der Muskelzelle →ATP.
2. Der größere Energie„speicher" hat die Aufgabe, den ATP-Speicher
   wieder aufzufüllen →KP.

Die gesamte Energiemenge beider energiereicher Verbindungen reicht für
etwa 20 maximale Muskelkontraktionen. Überlegen Sie, welche sportlichen Bewegungsabläufe damit energetisch abzudecken sind!
Sicher zählen das Schießen eines Elfmeters und der Hochsprung mit Anlauf dazu. Für einen 400-m-Lauf reicht dieser sofort verfügbare Energie-
vorrat aber nicht aus. Bei länger dauernden sportlichen Belastungen
müssen folglich chemische Reaktionen in der Muskelzelle ablaufen, die
die Energie zum *Wiederauffüllen der Energiespeicher* durch biologische
Oxidation der Nährstoffe liefern.

Für die biologische Oxidation der Nährstoffe stehen prinzipiell **2 Wege**
zur Verfügung:

**I. Aerobe Oxidation der Nährstoffe unter Sauerstoffver-
   brauch**

**II. Anaerobe Oxidation der Kohlenhydrate (hauptsächlich
   Glucose) ohne Sauerstoffverbrauch.**

8. LE/5

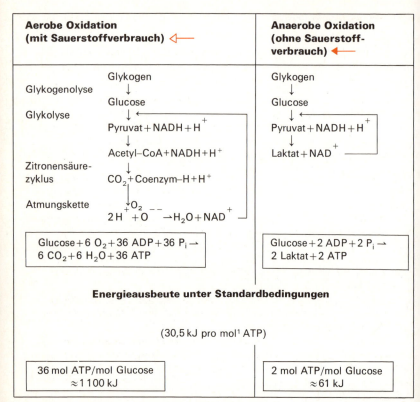

■ 64: Übersicht über die Energiebereitstellung

▶ *Enzyme* sind hochmolekulare Eiweißverbindungen, die jeweils bestimmte chemische Reaktionen *katalysieren* (*beschleunigen*). So katalysiert die Laktatdehydrogenase die Reaktion von Pyruvat zu Laktat. Pyruvate sind Salze der Brenztraubensäure; Laktate sind Salze der Milchsäure.

▷ *Coenzyme* wie das **N**icotinamid-**a**denin-**d**inucleotid (NAD^+) sind kompliziert gebaute organische Verbindungen, die bei chemischen Reaktionen bestimmte *Atomgruppen*, z. B. Wasserstoff (H^+), *übertragen* können.

---

[1] Das Mol (mol) ist definiert als Stoffmenge, die so viele Elementareinheiten (Atome, Ionen, Moleküle) enthält als Atome in 12 g Kohlenstoff vorliegen. Das sind $(6{,}02252 \pm 0{,}00028) \cdot 10^{23}$ Teilchen!

Zu I. Die aerobe Oxidation

In einer Vielzahl enzymgesteuerter Reaktionsschritte werden hierbei die Nährstoffe – insbesondere Kohlenhydrate und Fette – zu den energetisch nicht weiter nutzbaren Verbindungen Kohlendioxid (CO_2) und Wasser (H_2O) abgebaut und dabei die Energie *schrittweise* freigesetzt.

- Geht man von der in der Muskelzelle vorliegenden Speicherform des Traubenzuckers, der sog. tierischen Stärke *(Glykogen)*, aus, so werden zuerst von diesem kettenförmigen Glykogenmolekül die jeweils endständigen *Glucosemoleküle* abgespalten (**Glykogenolyse**). ■ 64
- Der Spaltung des Glykogens, der Glykogenolyse, schließt sich die Spaltung des Traubenzuckers (Glucose), die **Glykolyse**, an. Dabei entstehen aus dem Glucosemolekül, das 6 Kohlenstoff(C)-Atome enthält, letztendlich *2 Pyruvatmoleküle* mit je 3 C-Atomen. Bis zu diesem Schritt ist die Energieausbeute gering: nur *2 ATP-Moleküle pro Glucosemolekül*! Wichtig ist, daß der dabei anfallende *Wasserstoff (H^+)* auf das *Coenzym NAD^+* übertragen wird, das dadurch in die reduzierte Form *$NADH+H^+$* übergeht.
- In einem weiteren Schritt wird das Pyruvat in *Essigsäure* (Azetyl...) überführt und durch Bindung an ein anderes Coenzym *(Coenzym A)* „aktiviert". Es entsteht aktivierte Essigsäure oder *Azetyl-Coenzym A*, wobei wiederum *Wasserstoff* anfällt.
- In dem sich anschließenden sog. **Zitronensäurezyklus** werden die Azetylgruppen enzymatisch weiter abgebaut, wobei 2 *CO_2* und 8 *Wasserstoffatome* entstehen bzw. freigesetzt werden.
- Zum Schluß folgt die **Atmungskette**, in der der *Wasserstoff*, der in den vorausgegangenen Reaktionsstufen den jeweiligen Substraten (Glucose und Fettsäuren) entzogen wurde ($\rightarrow NADH+H^+$), zusammen mit seinen *Elektronen* letztendlich auf *Sauerstoff* übertragen wird. Dabei entsteht *Wasser* und *NAD^+* in *oxidierter Form und* **Energie** wird freigesetzt.

Der durch Aktivierung von Atmung und Kreislauf bei körperlicher Arbeit vermehrt aufgenommene Sauerstoff (O_2) wird folglich erst am Schluß der Atmungskette bei der aeroben Oxidation der Nährstoffe benötigt.
In der **Bilanz** entstehen bei der aeroben Glucoseoxidation aus *1 Glucosemolekül* unter Einsatz von Sauerstoff (O_2) *6 CO_2-Moleküle* und 6 *H_2O-Moleküle*. Gleichzeitig werden pro Mol[1] Glucose ≈ **2880 kJ Energie** frei. Aber nur etwa *40%* dieser freien Energie können unter standardisierten Bedingungen in Form von ATP gespeichert werden. Pro Glucosemolekül werden mit dieser speicherbaren Energie *36 ATP-Moleküle aus ADP und Phosphat* gebildet.

Der weitaus größte Teil des Energiebedarfs wird bei körperlicher Arbeit (Beruf, Sport) durch die geschilderte aerobe Oxidation der Nährstoffe bereitgestellt.

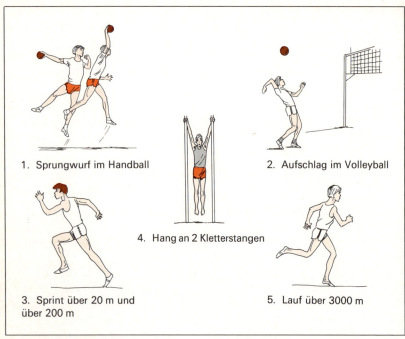

1. Sprungwurf im Handball
2. Aufschlag im Volleyball
4. Hang an 2 Kletterstangen
3. Sprint über 20 m und über 200 m
5. Lauf über 3000 m

■ **65: Beispiele für die Energiebereitstellung bei verschiedenen Bewegungsabläufen im Sport**

• Der Energiebedarf für *kurzdauernde azyklische und zyklische Bewegungsabläufe* im Sport (z. B. Sprungwurf im Handball, Aufschlag im Volleyball, Sprint über 20 m sowie Kugelstoßen, Weit- und Hochsprung mit Anlauf) wird fast ausschließlich aus den Energiespeichern ATP und KP gedeckt.

• Der Energiebedarf bei *maximaler dynamischer Beanspruchung von 10–50 s Dauer* (längere Sprintstrecken, Zwischenspurts) wird hauptsächlich durch die anaerobe Oxidation bestritten. Auf diesem Weg kann die Energie schnell und für einen kurzen Zeitraum auch in relativ großer Menge bereitgestellt werden. Nachteilig wirkt sich hier die Laktatproduktion aus, die rasch zur Ermüdung des Muskels führt.

• *Dynamische Muskeltätigkeit über mehr als 10 min bis zu Stunden* dauernden Belastungen (Langstreckenlauf, Skilanglauf, Straßenradrennen...) wird fast ausschließlich durch die aerobe Oxidation energetisch abgedeckt. Auf diesem Weg kann die Energie zwar nicht schnell und nicht in großer Menge pro Zeiteinheit bereitgestellt werden, dafür aber relativ lange..., so lange der Brennstoffvorrat reicht (s. S. 85).

• Beachte, daß bei *isometrischen Muskelkontraktionen*, wie im Hang, meist mehr als 70% der maximalen Muskelkraft eingesetzt werden! Durch den gestiegenen Muskelinnendruck werden die Blutgefäße im Muskel zugedrückt. Der jetzt nicht mehr durchblutete Muskel muß seinen Energiebedarf hauptsächlich anaerob decken. Das erklärt zusammen mit der schnellen Abnahme der Aktionspotentiale/s im Neurit die dabei rasch einsetzende Ermüdung (kürzere Haltezeiten!).

Zu II. Die anaerobe Oxidation

Dieser zweite Weg zur Energienachlieferung wird besonders dann beschritten, wenn ein kurzfristig auftretender hoher Energiebedarf *nicht* durch die aerobe Oxidation gedeckt werden kann. Das ist z.B. beim Sprint, bei Spurts, im Verlaufe von Radrennen und beim Ski-Abfahrtslauf der Fall.

— Bei der anaeroben Oxidation wird die Energie aus Glucose gewonnen, die auf dem bereits beschriebenen Weg der *Glykolyse* abgebaut wird. Bis zur Bildung von **Pyruvat** sind die Reaktionsschritte für die aerobe und anaerobe Oxidation gleich.

— Bei maximaler körperlicher Tätigkeit wird die Glucosespaltung (Glykolyse) erheblich „angekurbelt", so daß **mehr Pyruvat** anfällt *als gleichzeitig aerob oxidativ weiter verarbeitet* werden kann. Dabei häuft sich das wasserstoffaufnehmende Coenzym **NADH+H$^+$** (reduzierte Form) an. Dieses Coenzym muß aber in oxidierter Form – also als NAD$^+$ – vorliegen, um weiterhin den bei der Glykolyse freiwerdenden Wasserstoff aufnehmen zu können. Da auch die Atmungskette nicht alles anfallende NADH+H$^+$ oxidieren kann, droht eine Verlangsamung der Glykolyse und damit der anaeroben Energielieferung.

— Die Muskelzelle hilft sich, indem sie in einem weiteren Reaktionsschritt den *Wasserstoff des NADH+H$^+$ auf Pyruvat* überträgt, wobei *Laktat* und das benötigte **NAD$^+$** entstehen.

Bei der anaeroben Oxidation werden *pro Glucosemolekül nur 2 Moleküle ATP* gebildet und so nur $\approx 5\%$ der Energie im ATP gespeichert, die bei der aeroben Oxidation im ATP gebunden wird.

Die Laktatbildung ist das Hauptmerkmal der anaeroben Oxidation der Glucose.

Ein großer Milchsäureanfall signalisiert immer einen hohen Energiebedarf und damit eine starke ATP-Spaltungsrate. Bei dieser sog. ATP-Hydrolyse fallen H$^+$-Ionen an, die zur „Übersäuerung" des Muskels führen. Dadurch laufen viele biologische Reaktionen im Muskel langsamer ab. Der Muskel ermüdet. Die Zunahme der Milchsäurekonzentration und der Wasserstoff-Ionenkonzentration im Muskel führt z.B. auch zu den typischen Beschwerden in der Laufmuskulatur während der letzten 50 m beim 400-m-Lauf.

Die Milchsäure verläßt den Muskel teilweise und gelangt über den Kreislauf in den **Herzmuskel**, wo sie als Energielieferant *oxidativ weiter abgebaut* wird, und in die **Leber**, wo ein Teil der Milchsäure wieder zu *Glykogen aufgebaut* wird.

8. LE/9

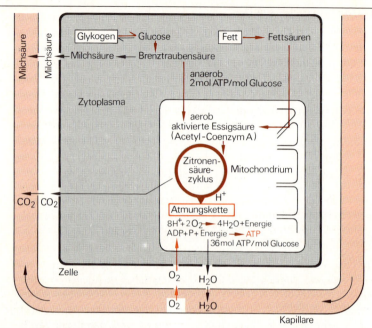

Die **aerobe Oxidation** findet nur in den *Mitochondrien* statt. Mitochondrien sind kleine doppelwandige Hohlräume, die in relativ großer Zahl in den Muskelzellen anzutreffen sind. Die beim Glucoseabbau entstehende Brenztraubensäure (Pyruvat) und der Sauerstoff müssen in die Mitochondrien transportiert werden.

Umgekehrt verlassen das entstandene ATP sowie das gebildete H_2O und CO_2 die Mitochondrien wieder.

Die **anaerobe Oxidation** der Glucose findet hingegen im *Zellplasma* (Sarkoplasma), d.h. in unmittelbarer Nähe der Myofibrillen, statt.

Vor- und Nachteile der aeroben und anaeroben Energiebereitstellung im gegenüberstellenden Vergleich – Skelettmuskel

Aerobe Oxidation	Anaerobe Oxidation
36 mol ATP/mol Glucose	2 mol ATP/mol Glucose

Aerobe Oxidation	Anaerobe Oxidation
keine Laktatbildung	Laktatbildung, H^+ Ionenanfall

■ 66: Schema der Energiebereitstellung in der Muskelzelle

8.4 Vor- und Nachteile der aeroben und anaeroben Energiebereitstellung im Vergleich

Die aerobe und die anaerobe Oxidation der Nährstoffe sind nicht als konkurrierende, sondern als sich *ergänzende Prinzipien der Energienachlieferung* in der Muskelzelle (und natürlich auch in den Zellen anderer Gewebe) anzusehen. Im folgenden sollen die Vor- und Nachteile dieser beiden Wege zur Wiederauffüllung der Energiespeicher behandelt werden.

Der Vorteil der **aeroben** Oxidation ist die *18 mal größere Energiemenge*, die pro mol Glucose in Form von ATP chemisch gebunden werden kann.

Soll die gleiche Menge Energie auf **anaerobem** Wege bereitgestellt werden, so sind dafür folglich 18 mal mehr Glucosemoleküle nötig.

In einer langen Reaktionskette werden die „Brennstoffe" Glucose und Fettsäuren auf **aerobem** Wege in den *Mitochondrien* bis zu den *energiearmen* Verbindungen CO_2 und H_2O abgebaut.

Im Gegensatz dazu wird die Glucose bei der **anaeroben** Oxidation in einer relativ kurzkettigen Reaktionsfolge im *Zellplasma* nur bis zu dem *noch energiereichen Laktat* abgebaut. Die Steigerung der ATP-Spaltung in der Muskelzelle bei hohem Energiebedarf mit anaerober Oxidation führt zu *„Übersäuerung"* der Zelle und des Blutes und damit zur rasch einsetzenden Ermüdung.

8. LE/11

Aerobe Oxidation	Anaerobe Oxidation
− Energiebereitstellung erfolgt relativ langsam.	+ Energiebereitstellung erfolgt relativ schnell.
− Die pro Zeiteinheit freigesetzte Energiemenge ist relativ klein.	+ Die pro Zeiteinheit freigesetzte Energiemenge ist relativ groß.
+ Die bereitgestellte Gesamt-energiemenge ist relativ groß.	− Die Gesamtenergiemenge ist relativ klein.
⇓	⇓
z. B. 10 000-m-Lauf (Relativ geringe Laufge-schwindigkeit kann relativ lange Zeit durchgehalten werden)	z. B. 100-m-Lauf (Relativ hohe Laufge-schwindigkeit kann nur kurzzeitig erbracht werden)

Für die Vielzahl der unterschiedlichen Beanspruchungen in den verschiedenen Sportarten kann der Organismus je nach Bedarf die Energie bereitstellen.

So kann zwar durch die aerobe Oxidation die Energiebereitstellung erst relativ lang-sam „angekurbelt" werden. Auch ist die pro Zeiteinheit zur Verfügung stehende Ener-giemenge relativ klein, was sich z. B. durch die im Vergleich zum 100-m- und 200-m-Sprint geringe Laufgeschwindigkeit beim 10 000-m- und Marathonlauf verdeutlichen läßt. Der Zeitraum, in dem diese Form der Energiebereitstellung aufrechterhalten werden kann, ist allerdings relativ groß. Die anaerobe Oxidation bietet, z. B. bei den Kurzstrecken der Leichtathletik und beim Schwimmen, die Möglichkeit, die benötigte Energie relativ schnell zur Verfügung zu stellen.

Die anaerobe Oxidation leistet auch die Bereitstellung einer relativ großen Energie-menge pro Zeiteinheit. Allerdings kann auf diesem Wege nur für einen begrenzten Zeit-raum Energie geliefert werden, da der Muskel gleichzeitig durch den H^+-Ionen-anfall aus der ATP-Spaltung „sauer" wird.

8. LE/12

Nachteil Die Energiebereitstellung auf **aerobem** Weg erfolgt deshalb relativ *langsam*, da die Aktivierung der Atem- und Herztätigkeit und damit die vermehrte Heranführung des Sauerstoffs zu den Muskelzellen eine gewisse Zeit benötigt.

Vorteil Die Energienachlieferung auf **anaerobem** Weg ist dagegen von der O_2-*Zufuhr unabhängig*. Bei stark gestiegenem Energiebedarf können die Enzyme der anaeroben Oxidation die energieliefernden Prozesse sofort katalysieren.

Nachteil Der Abbau der Brenztraubensäure auf **aerobem** Weg ist durch die *Kapazität* der dabei wirksamen Enzyme deutlich *begrenzt*. Daher kann hier die pro Zeiteinheit bereitgestellte Energiemenge nicht beliebig groß sein.

Vorteil Hingegen ist die *Kapazität* der Enzyme der **anaeroben** Glykolyse und deren Umsatzgeschwindigkeit relativ *groß*. Hier kann relativ viel Glucose abgebaut werden, und damit ist die gebildete Energiemenge pro Zeiteinheit bei anaerober Oxidation relativ groß. So wird die hohe Laufgeschwindigkeit im Sprint durch die dabei vorherrschende anaerobe Energiebereitstellung und die geringere Laufgeschwindigkeit im 10 000-m-Lauf durch die hier wirksame aerobe Energienachlieferung verursacht.

Vorteil Die *Energieausbeute* ist bei der **aeroben** Oxidation pro mol Glucose relativ *groß* und nur durch den Vorrat an gespeicherten „Brennstoffen" (Glykogen, Fette) in der Muskelzelle begrenzt. So kann auf diesem Weg eine große Gesamtenergiemenge – allerdings in relativ langer Zeit – bereitgestellt werden.

Nachteil Dagegen ist die durch die **anaerobe** Oxidation insgesamt bereitgestellte *Energiemenge relativ klein*, da die Glykolyse durch den gleichzeitigen Anfall von H^+-Ionen aus der ATP-Hydrolyse verlangsamt abläuft und schließlich gestoppt werden muß. Dies geschieht, bevor der Glucosevorrat in der Muskelzelle durch die „verschwenderische" Verwertung dieses „Brennstoffs" aufgebraucht ist. Laktat enthält noch 95% der Glucoseenergie.

O_2-Defizit, steady state und O_2-Schuld – Begriffe zum Verhalten der O_2-Aufnahme während und nach länger dauernden sportlichen Belastungen

Bei körperlicher Belastung von langer Dauer zeigt die O_2-Aufnahme folgenden charakteristischen Verlauf:

- Verzögerter Anstieg, der gegenüber dem Bedarf ein O_2-Defizit entstehen läßt.
- Plateau oder „steady state": nach einigen Minuten Belastung O_2-Aufnahme=O_2-Bedarf, d. h., der Energiebedarf wird aerob gedeckt.
- Verzögerte Rückkehr der O_2-Aufnahme zum Ruhewert: O_2-Schuld, besser, **O_2-Mehraufnahme nach Belastungsende**.

Bei schwerer körperlicher Belastung (200-m-Schwimmen unter Wettkampfbedingungen) ist die O_2-Mehraufnahme nach Arbeitsende erheblich größer als das O_2-Defizit. Sie dient bei leichten und mittelschweren Belastungen dem Wiederauffüllen der zu Arbeitsbeginn eingesetzten KP-Speicher und zur Beseitigung von Laktat, das in geringem Umfang angefallen ist.

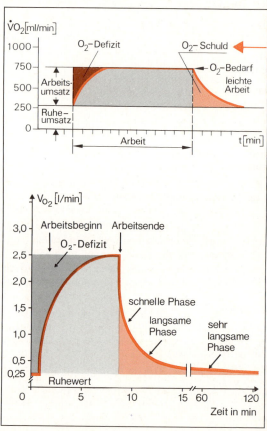

■ 67: **O_2-Aufnahme bei unterschiedlich schwerer körperlicher Arbeit**

8. LE/14

8.5 Sauerstoffaufnahme bei unterschiedlichen körperlichen Belastungen – der Begriff der Sauerstoffschuld

Sie haben gelernt, daß der erhöhte Energiebedarf bei länger dauernden Ausdauerbelastungen (z. B. beim Langstreckenlauf) fast ausschließlich durch die aerobe Energiebereitstellung gedeckt wird und daß dazu eine vergrößerte Sauerstoff(O_2-)Aufnahme notwendig ist.

Das **Verhalten der Sauerstoffaufnahme** während sportlicher Belastungen läßt folglich *Rückschlüsse* auf die Höhe des *Energiebedarfs* und damit auf die Stärke der *Belastung* – besonders im Ausdauerbereich – zu.

Wenn Sie sich zu Beginn und während eines Dauerlaufes sowie nach dem Lauf beobachten, so stellen Sie folgendes fest:

- Zu Beginn des Laufes erreichen Sie mit wenigen Schritten die angestrebte Laufgeschwindigkeit (z. B. 3 m/s als Einlauftempo).
- Sie beobachten, daß Sie erst nach ≈ 30–60 s tiefer und schneller atmen.
- Bei nicht zu hoher Laufgeschwindigkeit stellen Sie weiterhin fest, daß Ihre Atemtätigkeit nach ≈ 180–240 s ein „Plateau" erreicht hat und offensichtlich nicht weiter ansteigt.
- Nach dem Lauf atmen Sie bemerkenswerterweise noch eine Zeitlang vertieft und schneller aus und ein, obwohl Sie sich nicht mehr belasten.

Wie lassen sich diese Beobachtungen erklären?

Wissenschaftliche Untersuchungen ergaben, daß das Atmungssystem und vor allem der Herz-Kreislaufapparat nicht in der Lage sind, den sofort nach Belastungsbeginn erhöhten O_2-Bedarf durch eine entsprechende Mehraufnahme zu decken. Zu *Beginn* der Ausdauerbelastung entsteht ein **O_2-Defizit**, d. h., die O_2-Aufnahme ist kleiner als der O_2-Bedarf. Erst einige Minuten nach Laufbeginn erreicht die *O_2-Aufnahme* bei leichteren Belastungen ein **Plateau**: Jetzt entspricht die O_2-Aufnahme dem gleichzeitigen Bedarf des Organismus, der im Lauf hauptsächlich durch den erhöhten O_2-Bedarf der Muskulatur bestimmt wird.

■ 67

Dieses Gleichgewicht zwischen O_2-Aufnahme und O_2-Verbrauch wird „**steady state**" genannt und gilt im gleichen Maß für die CO_2-Produktion im Muskelgewebe und die CO_2-Abgabe durch die Atmung.

Nach Arbeitsende wird noch eine Zeitlang mehr O_2 aufgenommen, als es dem Ruhebedarf des Organismus entspricht.

Die O_2-Mehraufnahme nach Arbeitsende über den Ruhebedarf als „**Sauerstoff-Schuld**" zu bezeichnen, gilt als überholt! ←

8. LE/15

Das Laktat wird in der Leber teilweise wieder zu *Glucose aufgebaut*, teilweise in anderen Organen (Herzmuskel, Skelettmuskel) als *Brennstoff eingesetzt*. Ein Teil der O_2-Mehraufnahme nach Arbeitsende wird damit aber nicht erklärt. O_2 wird nach Arbeitsende *zusätzlich* benötigt für das Wiederauffüllen der O_2-Speicher im Blut und im Muskel, für die noch vermehrte Herz- und Atemtätigkeit und wohl auch für einen erhöhten Tonus der Skelettmuskulatur nach Arbeitsende.

Wodurch wird die größere O_2-Mehraufnahme nach Arbeitsende bei schweren körperlichen Belastungen verursacht?
1. Schnelle Phase der O_2-Mehraufnahme unmittelbar nach Arbeitsende – Wiederauffüllen der KP-Speicher.
2. Langsame Phase der O_2-Mehraufnahme im Anschluß an die schnelle Phase. Hier wird das gebildete Laktat oxidativ entfernt.

■ **Zur O_2-Mehraufnahme nach Arbeitsende**

■ **68: Energiebereitstellung und Ausdauertraining**

Der Ausdauertrainierte ist aufgrund seiner größeren maximalen O_2-Aufnahme in der Lage, längere Strecken schneller zurückzulegen als der Untrainierte. Das gilt für Langstreckenlauf, längere Schwimmstrecken, Rudern, Straßenradrennen...

Diese größere Ausdauerleistungsfähigkeit ist nur möglich, *wenn die Kapazität der aeroben Energiebereitstellung zugenommen hat*. Die aerobe Oxidation läuft innerhalb der Muskelzelle in den „Kraftwerken", den *Mitochondrien*, ab.

Ausdauertrainierte weisen in der belasteten Muskulatur ein *größeres Mitochondrienvolumen* auf. In diesem größeren Mitochondrienvolumen kann mehr Energie durch aerobe Oxidation in Form von ATP pro Zeiteinheit bereitgestellt werden.

Mitochondrium

8. LE/16

Nun liegt die Annahme nahe, daß mit dieser O_2-Nachatmung das während der Belastung eingegangene O_2-Defizit abgetragen wird.

- Für *leichte* körperliche Belastungen, z. B. Einlaufen zu Beginn des Sportunterrichts, trifft das auch zu. *Hier entspricht das O_2-Defizit quantitativ der O_2*-Nachatmung. Die benötigte Energie zu Laufbeginn wird teilweise aus dem Kreatinphosphatspeicher (s. S. 77) genommen, der sich dadurch geleert hat und nach Laufende durch die aerobe Energienachlieferung unter vermehrtem O_2-Verbrauch wieder aufgefüllt werden muß.

- Bei *mittelschwerer* und besonders bei *schwerer* körperlicher Arbeit (z. B. bei einem 1000-m-Lauf unter Wettkampfbedingungen) ist das O_2-Defizit erheblich angestiegen und vergrößert sich bis zum Arbeitsende weiterhin, so daß folglich kein „steady state" erreicht wird. Hier übersteigt nun die O_2-Mehraufnahme nach Arbeitsende (sog. O_2-Schuld) das während der Belastung entstandene O_2-Defizit erheblich. Der restliche Teil der O_2-Mehraufnahme nach Arbeitsende hat andere Ursachen, die teilweise noch nicht geklärt sind. Laufen Sie 1000 m mit der Ihnen möglichen maximalen Laufgeschwindigkeit – sagen wir in 3:45 Minuten – so reicht die aerobe Energiebereitstellung zur Deckung des Energiebedarfs nicht aus. Ein Teil der Energie wird aus dem Kreatinspeicher entnommen und durch anaerobe Oxidation unter Laktatbildung bereitgestellt. Nur ein Teil der großen O_2-Mehraufnahme nach Arbeitsende muß zur Wiederauffüllung der Energiespeicher und zur Beseitigung des leistungsmindernden Laktates eingesetzt werden.

Ein Teil der O_2-Mehraufnahme nach Arbeitsende wird also nicht zum Abtragen des O_2-Defizits bei schweren körperlichen Belastungen benötigt, so daß es besser ist, den leicht fehl zu interpretierenden alten Begriff der O_2-Schuld durch den Ausdruck **„O_2-Mehraufnahme nach Arbeitsende"** zu ersetzen.

8.6 Energiebereitstellung und Ausdauertraining

Der Ausdauertrainierte ist einerseits in der Lage, durch ein vergrößertes Herz mit einem gesteigerten maximalen Herzminutenvolumen eine *größere O_2-Menge/min* aufzunehmen und zur belasteten Muskulatur zu transportieren; andererseits ist auch die ausdauertrainierte Muskulatur fähig, die pro Zeiteinheit angebotene *O_2-Menge besser auszunutzen* und damit eine größere Energiemenge aerob bereitzustellen.
Besonders in den sog. *roten „langsamen" Muskelfasern* erhöht sich durch Ausdauertraining das Mitochondrienvolumen. In den Mitochondrien sind die Enzyme des Zitronensäurezyklus und der Atmungskette lokalisiert, die folglich ihre Leistungsfähigkeit verbessern. Zusätzlich weist die ausdauertrainierte Muskelzelle *größere Brennstoffvorräte* (Glykogen und Fette) und auch ein *vergrößertes, sofort verfügbares Energiedepot* auf.

8. LE/17

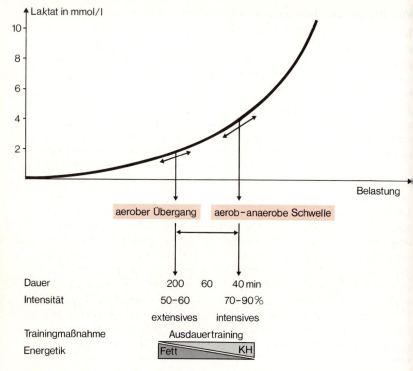

■ 69: **Laktatleistungskurven von Leichtathletinnen (Sprint bis Marathon) sowie Konzept der Laktatschwellen**

Die ausdauerleistungsfähige Marathonläuferin hat die am weitesten rechtsverlagerte Laktat-Leistungskurve. Sie erreicht die fixe Laktat-Schwelle von 4 mmol/l erst bei Laufgeschwindigkeiten von 5 m/s ($\approx$ 18 km/h).
Beim Ausdauertrainierten liegt die Laktat-Leistungskurve somit zunächst niedrig und steigt bei weiterer Belastungserhöhung steiler an als beim Untrainierten. Beim extensiven Ausdauertraining sollte im aeroben Übergang, beim intensiven Ausdauertraining im Bereich der aerob-anaeroben Schwelle trainiert werden. Im extensiven Bereich wird relativ viel Fett, im intensiven Bereich vor allem Kohlenhydrat als Brennstoff eingesetzt.

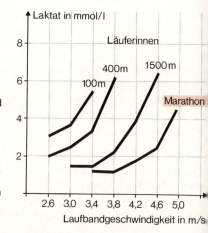

8. LE/18

Wie soll nun die allgemeine aerobe Ausdauer trainiert werden?

In letzter Zeit hat sich das *Dauerleistungsprinzip* mit erheblichen Trainingsumfängen als Ausdauertrainingsmethode durchgesetzt. Bei den großen Streckenlängen ist die Wahl der geeigneten Intensität der Belastungen (Laufgeschwindigkeit, Fahrgeschwindigkeit, Schwimmgeschwindigkeit...) besonders wichtig.

Bei stufenweiser Steigerung, z. B. der Laufleistung im Labortest, wird der Energiebedarf zunächst aerob bilanziert. Mit steigender Laufleistung erfolgt die Deckung des erhöhten Bedarfs zunehmend auch anaerob unter Laktatbildung. Die ansteigende Laktat-Leistungskurve weist daher in Abhängigkeit vom Ausdauertrainingszustand einen zunächst flacheren Verlauf auf, der erst bei höheren Belastungen – dann aber steiler – ansteigt.

Um den Verlauf der Laktat-Leistungskurve zu charakterisieren, wurden sog. *Übergangskonzepte* (beginnender Laktatanstieg) und außerdem sog. *Schwellenkonzepte* (maximales Laktat-Gleichgewicht (max. Laktat-Steady-State, maxlass)) entwickelt. Die bekannteste Schwelle ist das von Mader 1976 vorgelegte aerob-anaerobe Schwellenkonzept, das als fixe Schwelle auf 4 mmol/l Blut festgelegt ist. Erstaunlicherweise liegt das maximale Laktat-Steady-State *im Mittel* bei 4 mmol/l und ist zudem alters- und ausdauerleistungs*un*abhängig. Außerdem wird ein aerober Bereich (bei 2 mmol/l), ein aerob-anaerober Übergang (2–4 mmol/l) und eine anaerobe Schwelle (über 4 mmol/l) unterschieden.

Demgegenüber hat Kindermann individuell *variable* Schwellen zur besseren Leistungssteuerung empfohlen. Ein extensives Ausdauertraining sollte unterhalb (≈ 2 mmol/l), ein intensives Ausdauertraining im Schwellenbereich durchgeführt werden (s. Abb. 69).

Je besser der Ausdauertrainingszustand ist, desto größer ist die Leistungsfähigkeit an der anaeroben Schwelle, die mehr als 80% der Ausdauerleistungsfähigkeit betragen kann.

In letzter Zeit sind eine Reihe von *Einwänden* gegen die Laktat-Leistungsdiagnostik vorgebracht worden:

– die Laktatkonzentration im Muskel kann erheblich vom Blutwert differieren – unterschiedliche Testvorschriften führen zu unterschiedlichen Ergebnissen – Glykogenverarmung im Muskel täuscht einen guten Ausdauerleistungszustand durch späten Laktatanstieg vor.

Trainingssteuerung über die Laktatschwellen ist somit kein einfach zu handhabendes Verfahren. Inzwischen ist ein Trend zu sportartspezifischen Feldtests feststellbar. Hier ergeben sich wieder neue Probleme mit der Witterung und mit unterschiedlichen Bodenbedingungen.

70: Energieumsatz und Wirkungsgrad im Sport

Wenn 3 Schüler mit gleicher Fortbewegungsgeschwindigkeit laufen, schwimmen und radfahren, so ist dabei der schwimmende Schüler am stärksten und der radfahrende am geringsten belastet.

Offensichtlich ist es *nicht möglich*, direkt aus der Fortbewegungsgeschwindigkeit oder besser aus „der pro Zeiteinheit geleisteten Arbeit im physikalischen Sinne" auf den Energiebedarf bei der betreffenden sportlichen Belastung zu schließen.

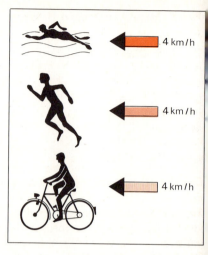

Bei gleicher physikalischer Leistung ist der Energiebedarf – auch Arbeits-Energieumsatz oder Arbeitsumsatz genannt – beim Schwimmen relativ groß und beim Radfahren entsprechend gering.

Um das Verhältnis zwischen Arbeit und Arbeitsumsatz für die verschiedenen sportlichen Bewegungsformen angeben zu können, wurde der Begriff des **Wirkungsgrades** η (sprich: eta) definiert.

Der Wirkungsgrad η ist der Quotient aus der geleisteten Arbeit pro Zeiteinheit und dem dafür benötigten Arbeitsumsatz pro Zeiteinheit.

$$\eta = \frac{\text{Arbeit/Zeit}}{\text{Arbeitsumsatz/Zeit}} \quad \left[\frac{N \cdot m \cdot s^{-1}}{J \cdot s^{-1}}\right]$$

Die Vergleichbarkeit von Arbeit (N·m) mit dem Arbeitsumsatz (J) ergibt sich durch die Beziehung: 1 N·m = 1 J.

Der Wirkungsgrad wird in Prozent angegeben und beträgt bei sportlichen Bewegungsabläufen maximal 30–35%. Folglich findet sich nur etwa *ein Drittel* der umgesetzten Energie bei sportlichen Bewegungsabläufen in Form von *Arbeit* wieder. Das ist darauf zurückzuführen, daß nur ein Teil der bei körperlicher Arbeit umgesetzten Energie für die Muskelkontraktionen genutzt werden kann. Der größte Teil der freigesetzten Energie geht als *Wärme* verloren.

Beim Schwimmen beträgt der Wirkungsgrad nur 3–5%, was auf das Fortbewegen im flüssigen Medium zurückzuführen ist. Beim Laufen werden Werte um 20% gemessen. Hohe Wirkungsgrade ergeben sich hingegen beim Radfahren mit 20–28%, da hier das Körpergewicht nur noch teilweise durch die Beinmuskulatur getragen werden muß und Energieverluste durch Reibung gering sind.

8. LE/20

8.7 Energieumsatz in Ruhe und bei sportlichen Belastungen

Die tägliche Energieproduktion des Menschen – auch Energieumsatz genannt – wird nur zum kleineren Teil für die Verdauung der Nahrungsmittel und zum Konstanthalten der Körpertemperatur benötigt; zum weitaus größten Teil wird der Energiebedarf durch die Muskeltätigkeit bestimmt. ■ 70

Wird der *Energiebedarf* für die Verdauung, die Temperaturregulation und Muskeltätigkeit auf ein *Minimum* reduziert (keine Nahrungsaufnahme, „angenehme" Umgebungstemperatur und liegende Körperposition), so erhält man den *Grundumsatz.*

Der Grundumsatz = Ruhe-Nüchtern-Wert des Energieumsatzes. Er beträgt ≈ 4 kJ pro Stunde und pro kg Körpergewicht.
10–15% über dem Grundumsatz liegt der **sog. Ruheumsatz**, bei dem von den Grundumsatzbedingungen nur die völlige Körperruhe eingehalten wird.
Der **Arbeitsumsatz** ergibt sich dann aus der Differenz zwischen Gesamtumsatz und Ruheumsatz.
Arbeitsumsatz = Gesamtumsatz – Ruheumsatz.

Mit steigender körperlicher Belastung steigt der Arbeitsumsatz an. Für die Umsatzsteigerung ist allerdings nicht die Arbeit, die bewältigt wurde, sondern die **Leistung = Arbeit/Zeiteinheit** entscheidend.

Verdoppeln Sie z. B. Ihre Laufgeschwindigkeit beim Wechsel vom Trab zum Sprint von 4 m/s auf 8 m/s, so steigt der gleichzeitig gemessene O_2-Verbrauch als Maß für den Energieumsatz von etwa 1,3 l auf ≈ 5,2 l für eine zurückgelegte Strecke von ≈ 100 m an.

Daraus geht hervor, daß der Energieumsatz *nicht linear* zur erbrachten Leistung zunimmt, sondern überproportional ansteigt; d. h., bei Verdoppelung der Laufgeschwindigkeit vervierfacht sich ungefähr der Umsatz in dem gewählten Beispiel. Das bedeutet, daß die *maximale* Laufgeschwindigkeit den *Wirkungsgrad stark herabsetzt.*

8. LE/21

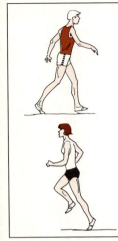

Gehen:
Energetisch günstigste Gehgeschwindigkeit 4 km/h →
dabei nur 16 kJ Energieverbrauch pro Minute.
Bergaufgehen mit 5° Steigung verdoppelt den Energiebedarf ebenso wie das Tragen einer Last von 30 kg.

Laufen:
Energetisch günstigste Laufgeschwindigkeit beim Trainierten: ≈ 15 km/h.
5 000-m-Lauf in 14 min 17 s (21 km/h)   : 0,3 kJ/m Weg
  800-m-Lauf in 1 min 50 s (26 km/h)   : 0,6 kJ/m Weg
  100-m-Lauf in   10,2 s (35,3 km/h) : 2,1 kJ/m Weg
(s. S. 95)

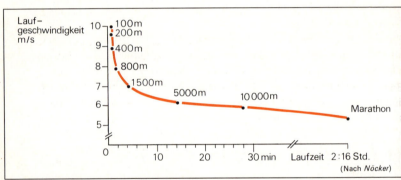

(Nach *Nöcker*)

■ **71: Maximale Laufgeschwindigkeit in Abhängigkeit von der Laufzeit**

Die Energieflußraten im aeroben Bereich (z. B. 5000 m) liegen etwa bei der Hälfte der Werte im anaeroben Laktaziden-Bereich.
Durch Energieentnahme aus den sog. Phosphatspeichern können – relativ betrachtet – die höchsten Energieflußraten erzielt werden.

8. LE/22

Sportpraxis

Für die *Sportpraxis* läßt sich folgern, daß es energetisch günstiger ist, die gesamte Strecke so gleichmäßig wie möglich zu durchlaufen. Bei Zwischenspurts wächst der Energiebedarf überproportional sprunghaft an. Der Gesamtumsatz eines körperlich inaktiven 18jährigen Schülers liegt bei etwa 10 000 kJ/Tag. Der *Gesamtumsatz von Leistungssporttreibenden* überschreitet ≈ 25 000 kJ/Tag im allgemeinen – über einen längeren Zeitraum betrachtet – nicht. Dieser Wert deckt sich auch in etwa mit der über mehrere Tage möglichen Energiezufuhr durch die Nahrungsaufnahme, die bei ≈ 25 000 kJ/Tag liegt.

Bei *Hochgebirgskletterern* wurden allerdings Tagesumsätze von ≈ 40 000 kJ ermittelt. Diese Energiemenge kann über mehrere Tage hinweg nicht mehr vollständig mit der Nahrung zugeführt werden. Hier muß der Sportler auf seine Nährstoffvorräte (z. B. Fettdepots) zurückgreifen, was eine Gewichtsabnahme zur Folge hat.

Bei *länger dauernden Belastungen* ist folglich eine Umsatzsteigerung beim Sporttreibenden gegenüber den körperlich Inaktiven um das 3- bis 4fache möglich.

Bei *kurzfristigen maximalen Belastungen*, so z. B. im 100-m-Lauf, sind erheblich größere Umsatzsteigerungen (≈ 300fache und mehr!!) – allerdings nur für kurze Zeit (10–20 s) – möglich.

Beim Sport erreicht der Energieumsatz meist höhere Werte als bei beruflicher Arbeit. Dafür ist im Sport auch die Dauer der körperlichen Belastung im allgemeinen kürzer.

8.8 Energieumsatz bei einigen Sportarten

1. Gehen:

Gehen mit einer Geschwindigkeit von 4 km in der Stunde (h) ist energetisch am günstigsten. Mit steigender Gehgeschwindigkeit erhöht sich der Sauerstoffverbrauch je Meter zurückgelegten Weges. Bis zu 7 km/h ist das Gehen energiesparender als das Laufen. Bei höheren Gehgeschwindigkeiten ist das Laufen wirtschaftlicher. Beim Sportgehen mit 13 km/h ist die Energieausgabe relativ groß.

2. Laufen:

Ausdauertrainierte laufen mit ≈ 15 km/h am energiesparendsten. Mit zunehmender Streckenlänge sinkt die durchschnittliche Laufgeschwindigkeit von maximal 10 m/s beim 100-m-Lauf auf 5–6 m/s beim Marathonlauf, wodurch der Energiebedarf pro Meter Weg in die Nähe des optimalen Bereichs sinkt.

8. LE/23

Radfahren:
Energetisch günstigste Fahrgeschwindigkeit: 15–20 km/h. Bei Radrennen werden Geschwindigkeiten von 40–50 km/h erreicht. Hierzu ist der Energiebedarf pro Wegmeter sehr hoch. Zusätzlich beeinflussen Witterung, Straßenverhältnisse und die technischen Details des Rades den Energieverbrauch wesentlich.

Rudern/Paddeln:
Paddeln ist energetisch erheblich günstiger als Rudern. Rudern mit 4 km/h benötigt 2,5 mal mehr Energie als gleichschnelles Gehen.

Schwimmen:
Schwimmen mit 50 m/min weist einen etwa 5 mal höheren Energieumsatz als vergleichbares Gehen auf. Hinzu kommt, daß allein Stehen im Wasser von 25 °C den Energieumsatz bis zu 100% steigern kann.

3. Radfahren:

Die energetisch günstigste Fahrgeschwindigkeit liegt zwischen 15–20 km/h. Überhaupt gehört Radfahren zu den Arten der Fortbewegung mit **relativ** geringem Energieumsatz. Das ist hauptsächlich darauf zurückzuführen, daß das Körpergewicht hier nicht durch die Beinmuskulatur getragen wird und daß die Kontraktionsgeschwindigkeit der Beinmuskulatur beim Radfahren relativ gering ist. Fahrgeschwindigkeiten im Radrennen von mehr als 40 km/h haben hingegen einen sehr hohen Energiebedarf pro Wegmeter. Je nach Übersetzung werden dabei 80–100 Umdrehungen/min eingesetzt.

4. Rudern/Paddeln:

Im Vergleich zum Rudern ist die Fortbewegung im Wasser durch Paddeln energetisch ökonomischer. Bis zu einer Geschwindigkeit von 7 km/h soll das Paddeln dem Gehen energetisch gleichzusetzen sein. Beim Rudern ist der Energieverbrauch pro m Wasserweg besonders durch die Reibung zwischen Boot und Wasser und durch die Energieverluste beim Abstoß im flüssigen Medium groß.

5. Schwimmen:

Der hohe Energieumsatz beim Schwimmen wird verursacht durch den Energiebedarf beim Fortbewegen im flüssigen Medium und durch die Wärmeverluste des Schwimmers im Wasser. Letztere sind auf die hohe Wärmeleitfähigkeit und die große Wärmekapazität des Wassers zurückzuführen.

8.9 Messung des Energieumsatzes

Eine gute sportliche Leistungsfähigkeit ist nicht nur vom Talent und den eingesetzten Trainingsmethoden, sondern auch von einer ausgeglichenen Energiebilanz des Sporttreibenden abhängig. Energiezufuhr in Form der Nährstoffe und Energieausgabe durch die sportliche und berufliche Aktivität müssen in einem ausgeglichenen Verhältnis stehen. Um diese Energiebilanz beurteilen zu können, ist die Messung des Energieumsatzes notwendig.

Die Mehrzahl der Messungen erfolgt in speziell dazu eingerichteten **Untersuchungsstellen**. Umsatzmessungen auf den Sportanlagen scheitern meist an den immer noch recht unhandlichen und teilweise auch noch zu schweren Geräten.

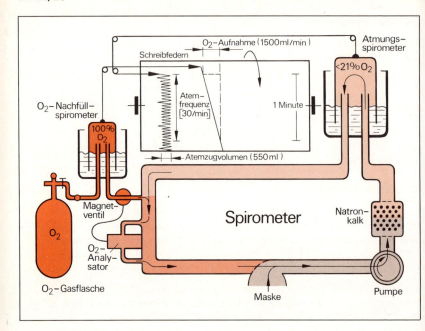

72: Spirometer – Gerät zur Messung der O_2-Aufnahme und anderer Atemgrößen

Das Spirometer ist ein Gerät zur Messung des in Ruhe und während körperlicher Belastung ein- und ausgeatmeten *Luftvolumens* sowie des dabei aufgenommenen O_2-*Volumens*.

Die Versuchsperson atmet während der Untersuchung Luft aus dem Spirometer ein und bei dem vorgestellten Gerät in das gleiche System wieder aus *(geschlossenes System)*. Eine Pumpe sorgt hierbei für die Zirkulation einer adäquaten Luftmenge (250–350 l/min). Durch diesen Luftstrom erreicht den Probanden über die Maske einerseits Frischluft, andererseits wird die von ihm ausgeatmete Luft abtransportiert. In einem Behälter mit Natronkalk wird die ausgeatmete Luft von CO_2 *durch Absorption* befreit.

Anschließend gelangt diese Luft in das eigentliche, glockenförmig ausgeführte Atmungsspirometer. Die durch die Atmung hervorgerufene Zu- und Abnahme des Volumens im Atmungsspirometer wird über ein Schreibsystem im zeitlichen Verlauf aufgezeichnet *(Atemfrequenz, Atemzugvolumen)*.

Nach Anschluß der Versuchsperson an das System nimmt die O_2-Konzentration im Gerät durch den Sauerstoffverbrauch ständig ab, wenn nicht laufend Sauerstoff zugeführt wird. Dies geschieht über ein O_2-*Nachfüllspirometer*, das mit reinem Sauerstoff gefüllt ist. Sinkt die O_2-Konzentration unter 21% ab, so wird ein Magnetventil geöffnet und solange Sauerstoff aus dem Nachfüllspirometer zugeführt, bis die O_2-Konzentration im Gerät wieder 21% erreicht hat.

Die aus dem Nachfüllspirometer *abgegebene Sauerstoffmenge* wird mit einem Schreiber zeitabhängig registriert und entspricht dem O_2-*Verbrauch* der Versuchsperson pro Zeiteinheit ($\dot{V}_{O_2}$).

Energieumsatzmessung

Das **Prinzip** der Energieumsatzmessung folgt der Überlegung:

Bei der aeroben Oxidation der Nährstoffe besteht eine bestimmte **mengenmäßige Beziehung** zwischen dem verbrauchten Sauerstoff und dem gebildeten CO_2 einerseits sowie der Menge verbrauchter Substanz (Nährstoff) und der dabei frei werdenden Energie andererseits.

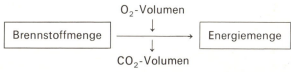

Je mehr Energie durch aerobe Oxidation aus den „Brennstoffen" Glucose und Fettsäuren gebildet wird, desto mehr Sauerstoff wird verbraucht und CO_2 gebildet. Vereinfacht dargestellt läßt sich unter steady state-Bedingungen die *umgesetzte Energiemenge* (Arbeitsumsatz) aus dem während der Belastung *aufgenommenen Sauerstoffvolumen* in l/min berechnen. Folglich muß das während Belastung aufgenommene **Sauerstoffvolumen gemessen** werden.
Das geschieht mit Hilfe eines *Spirometers*, in das der zu Untersuchende ein- und ausatmet. Der mit diesem Gerät bestimmte O_2-*Verbrauch* in l/min muß nun nur noch mit dem *sog.* **kalorischen Äquivalent des Sauerstoffs** multipliziert werden. Das Ergebnis ist die pro Minute umgesetzte Energiemenge.
Subtrahiert man von diesem *Gesamtumsatz* den vor der Arbeitsbelastung bestimmten *Ruheumsatz*, so erhält man den gewünschten **Arbeitsumsatz**.
Da die Testperson an das Spirometer „angeschlossen" ist, muß die körperliche Belastung „am Ort" erfolgen. Das geschieht mit Hilfe von Standfahrrädern, sog. *Fahrradergometern* (s. S. 162), oder mittels *Laufbändern* (s. S. 164).

Zum **kalorischen Äquivalent** des Sauerstoffs: Er ist diejenige Energiemenge in Kilo-Joule (kJ), die bei der Oxidation des Nährstoffs oder des Nährstoffgemisches mit 1 Liter Sauerstoff freigesetzt wird. Dieser Wärmewert ist von der Art des „verbrannten" Nährstoffs abhängig.

Wird nur Glucose verbrannt, so entstehen 21 kJ pro l Sauerstoff. Bei reiner Fettverbrennung beträgt der Wärmewert nur 19,7 kJ/l O_2. In der Mehrzahl der Fälle wird ein Gemisch aus Fetten und Glucose verbrannt, so daß man für eine überschlägige Rechnung von einem mittleren Wärmewert von ≈ 20 kJ/l O_2 ausgehen kann.

Nehmen wir an, Sie unterziehen sich einer Energieumsatzmessung. An das Spirometer angeschlossen haben Sie für 12 min am Standfahrrad Tretarbeit verrichtet. Ihre maximale O_2-Aufnahme betrug in der letzten Untersuchungsminute (bereits auf Standardbedingungen umgerechnet) 3 l/min. Der **Gesamtumsatz** beträgt dann 60 kJ/min.

O_2-Verbrauch (l/min) × kalorisches Äquivalent
             des Sauerstoffs   = Gesamtumsatz
3 l O_2/min   × 20 kJ/l O_2 = 60 kJ/min.

8. LE/27

Ergänzen Sie die fehlenden Begriffe:

Aerobe Oxidation

- Energiebereitstellung erfolgt relativ ....
- Die pro Zeiteinheit freigesetzte Energiemenge ist relativ ....
+ Die bereitgestellte Gesamtenergiemenge ist relativ ....

z. B. .... -m-Lauf
(Relativ .... Laufgeschwindigkeit kann relativ .... Zeit durchgehalten werden)

Anaerobe Oxidation

+ Energiebereitstellung erfolgt relativ ....
+ Die pro Zeiteinheit freigesetzte Energiemenge ist relativ ....
- Die Gesamtenergiemenge ist relativ ....

z. B. .... -m-Lauf
(Relativ .... Laufgeschwindigkeit kann nur .... erbracht werden)

Setzen Sie die folgenden Begriffe in die Spirometer-Abbildung ein:
Maske, Magnetventil, O₂-Nachfüllspirometer, Atmungsspirometer, Natronkalk, Pumpe

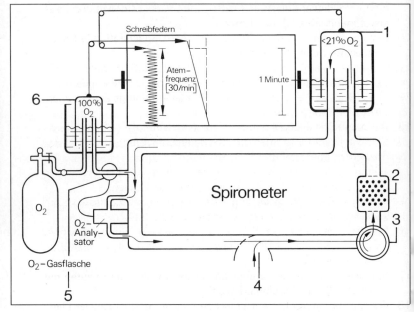

1 .... 4 ....
2 .... 5 ....
3 .... 6 ....

100

8. LE/28

8.10 Lernerfolgskontrolle

1. Welche Aufgaben haben die energiereichen Phosphatverbindungen in der Muskelzelle?
2. Wie kann die Energienachlieferung in der Muskelzelle erfolgen?
3. Schildern Sie die Hauptschritte und die Energieausbeute bei der *aeroben* Oxidation und *anaeroben* Oxidation!
4. Geben Sie eine gegenüberstellende Erläuterung zur Energiebereitstellung im 50-m-Sprint, 1500-m-Lauf und 50-km-Skilanglauf!
5. Ein 11 jähriger Schüler sprintet 50 m. Auf welchem Weg wird hier die Energie in der beanspruchten Muskulatur bereitgestellt?
6. Ein 11 jähriger Schüler läuft bei einer Herzfrequenz von 150/min 10 Minuten lang. Auf welchem Weg wird hier die Energie für die tätige Muskulatur bereitgestellt?
7. Erläutern Sie anhand von Beispielen die Vor- und Nachteile der aeroben und anaeroben Energiebereitstellung!
8. Wie verhält sich die Sauerstoffaufnahme bei leichter und schwerster körperlicher Arbeit?
9. Erläutern Sie anhand des Verlaufs der Sauerstoffaufnahme während körperlicher Belastung die Begriffe Sauerstoffdefizit und Sauerstoffmehrverbrauch nach Arbeit!
10. Welche Faktoren können für den erhöhten Sauerstoffbedarf nach Arbeitsende verantwortlich sein?
11. Warum ist es problematisch, den Begriff Sauerstoff-„Schuld" für die Sauerstoffnachatmung nach körperlicher Arbeit zu verwenden?
12. Sprechen Sie über den Einfluß des Ausdauertrainings auf die Energiebereitstellung!
13. Definieren Sie die Begriffe „aerob-anaerobe Schwelle" und „aerober Übergang", und erläutern Sie deren Bedeutung für das Ausdauertraining!
14. Wie läßt sich aus der mit dem Spirometer gemessenen O_2-Aufnahme des belasteten Schülers der Arbeitsumsatz bestimmen?
15. Warum ist es energetisch ungünstig, eine längere Laufstrecke mit stark wechselnder Geschwindigkeit zu durchlaufen?
16. Sprechen Sie über den Tagesenergieumsatz bei Sporttreibenden, und gehen Sie auf die Faktoren ein, die den Maximalwert des Energieumsatzes begrenzen!
17. Sprechen Sie über den Energiebedarf beim Gehen und Laufen mit unterschiedlicher Geschwindigkeit!
18. Welche Beziehung besteht zwischen Laufzeit und maximaler Laufgeschwindigkeit im Sport?
19. Welche Faktoren beeinflussen den Energieumsatz beim Radfahren, Rudern und Schwimmen?

9. LE/1

Zusammensetzung der Nahrungsmittel

In den bekannten Nahrungsmitteln sind die 3 Nährstoffe Kohlenhydrate, Fette und Eiweiße enthalten:

1. Kohlenhydrate:

Einfachzucker: Glucose (Traubenzucker), Fructose (Fruchtzucker); in Obst und Gemüse.
Zweifachzucker: Rübenzucker aus der Zuckerrübe, Rohrzucker aus dem Zuckerrohr besteht aus Glucose und Fructose; hohe Süßkraft; als Kristall- und Würfelzucker käuflich. Malzzucker besteht aus 2 Molekülen Glucose.
Vielfachzucker (Polysaccharide): Pflanzliche Stärke; kommt in den Knollen (Kartoffeln) und in den Samen (Getreide) von Pflanzen vor; besteht aus Ketten von Glucosemolekülen.

2. Fette:

Die eigentlichen Fette oder Triglyzeride bestehen pro Molekül aus dem Alkohol Glyzerin und 3 Fettsäuren.
Die Fette befinden sich in *pflanzlichen* Nahrungsmitteln (Öl, Margarine) und in *tierischen* Produkten (Butter, Schmalz, fettes Fleisch, Wurstwaren...) in unterschiedlicher Konzentration.

3. Eiweiße:

Die Eiweiße (Proteine) sind großmolekulare Verbindungen aus Aminosäuren, von denen der Mensch einige nicht selbst im Stoffwechsel synthetisieren kann. Diese unentbehrlichen *(essentiellen) Aminosäuren* sind im pflanzlichen Eiweiß nicht oder nur in geringer Konzentration enthalten.
Tierisches Eiweiß enthält praktisch alle essentiellen Aminosäuren. Tierisches Eiweiß besitzt deshalb für die Ernährung des Menschen eine höhere *biologische Wertigkeit*.

Kohlenhydrate...

Fett...

Eiweiß...

■ 73: **Bestandteile der Nahrung**

9. LE/2

9. Lerneinheit:

Ernährung und körperliche Aktivität

9.0 Lernziele

Nach Bearbeitung der 9. Lerneinheit sollen Sie in der Lage sein,

– die Zusammensetzung der Nahrung und den Nährstoffbedarf in Ruhe sowie bei verschiedenen sportlichen Aktivitäten, unterstützt durch Beispiele aus den Sportarten, zu beschreiben,

– die wesentlichen Ernährungsrichtlinien für den Sporttreibenden unter Berücksichtigung des Salz- und Wasserhaltes begründend zu erläutern und

– zur Problematik des Übergewichts unter den Gesichtspunkten der Entstehung, der vorbeugenden und behandelnden Maßnahmen am Beispiel eines übergewichtigen Mitschülers Stellung zu nehmen.

9.1 Nahrungsbestandteile

Zu den Nahrungsbestandteilen zählen unter dem mengenmäßigen Aspekt in erster Linie das Wasser und die Nährstoffe *Kohlenhydrate*, *Fette* und *Eiweiße*. In geringerer Menge enthält die Nahrung die lebenswichtigen *Vitamine* und *Mineralien*.

Die Zusammensetzung der Nahrung kann von Mahlzeit zu Mahlzeit und von Tag zu Tag in relativ weiten Grenzen schwanken. Erfahrungsgemäß werden aber – über einen längeren Zeitraum betrachtet – die genannten Nährstoffe in einem *relativ festen Verhältnis* von 50–60% Kohlenhydrate, ■ 73 25–35% Fette und 15% Eiweiß in Mitteleuropa aufgenommen.

An die Nahrung werden hinsichtlich ihrer Menge und Zusammensetzung folgende Anforderungen gestellt:

– Deckung des Energiebedarfs durch ausreichende Zufuhr der *Hauptenergielieferanten* **Kohlenhydrate** und **Fette**.

– Deckung des Stoffbedarfs – insbesondere des **Eiweißbedarfs** – für den *Aufbau*, den *Erhalt* und die *Reparation* der Zellen.

– Ausreichende Zufuhr von **Vitaminen** und **Mineralien**.

– Schmackhafte Zubereitung der Mahlzeiten, ohne daß dabei der Nährwert eingeschränkt wird (*schonende* Zubereitung, kurze Kochzeiten...).

Unsere Nahrung besteht aus Nahrungsmitteln *pflanzlicher Herkunft* (Getreideprodukte, Gemüse, Obst) und Nahrungsmitteln *tierischer Herkunft* (Milchprodukte, Eier, Fleisch, Fisch). Die Vielzahl der bekannten Nahrungsmittel enthält nur *drei* der für den Stoff- und Energiebedarf verwertbaren *Nährstoffe*.

103

9. LE/3

Die Nährstoffe Kohlenhydrate, Fette und Eiweiße sind in den einzelnen Nahrungsmitteln *in unterschiedlicher Konzentration*, d.h. in unterschiedlicher Menge pro Gewichtseinheit, z.B. pro 100 g, enthalten. Das soll an einigen auch in der Kost von Sporttreibenden enthaltenen Nahrungsmitteln veranschaulicht werden.

■ 74: Kohlenhydrate

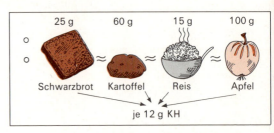

■ 75: Fette

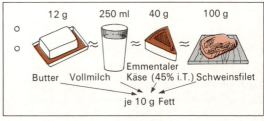

Beachten Sie, daß man die tägliche Fettzufuhr meist unterschätzt. Denn man nimmt Fett nicht nur als Streichfett und Kochfett, sondern auch als sog. *verstecktes Fett* in den Nahrungsmitteln zu sich. So enthält z.B. Salamiwurst $\approx 50\%$ Fett, d.h. 20 g Wurst ≈ 10 g Fett.

■ 76: Eiweiße

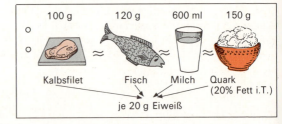

Vitamine:

- Wichtige wasserlösliche Vitamine: B_1 und B_2 sind für den Kohlenhydratabbau und die aerobe Energiebereitstellung notwendig. B_6 ist für den Stoffwechsel der Aminosäuren und B_{12} für die normale Bildung der roten Blutkörperchen wichtig. Neben den Vitaminen des B-Komplexes gehört Vitamin C zu den wasserlöslichen Vitaminen.
- Wesentliche fettlösliche Vitamine: **A** ist für den Sehvorgang, **D** für den Knochenaufbau, **K** für die Blutgerinnung notwendig und Vitamin **E** als Schutzfaktor vor unerwünschten Oxidationen.

9. LE/4

1. Kohlenhydrate

Zu den Kohlenhydraten gehören die süß schmeckenden *Einfach-* und ■ 74
Zweifachzucker sowie die *Vielfachzucker* (Polysaccharide). Das wichtigste Polysaccharid ist die **pflanzliche Stärke**, die aus aneinandergeketteten Glucosemolekülen besteht und in Getreide sowie Kartoffeln und Reis vorkommt.
Im *Darmkanal* werden alle verdaulichen Kohlenhydrate durch entsprechende Fermente bis zu *Einfachzuckern* abgebaut und anschließend durch die *Darmwand*, z. B. als Glucose, aktiv resorbiert. Danach erfolgt der *Transport der Einfachzucker* zur *Leber*, wo ein Teil in Form von *Glykogen* (tierische Stärke, s. S. 79) gespeichert oder auf dem *Blutwege* den Organen, hauptsächlich dem *Muskel*, zugeführt wird.

Je nach Energiebedarf wird der **Zucker** dort *biologisch oxidiert* (s. S. 77) oder ebenfalls in Form von **Glykogen** gespeichert bzw. bei überreichem Angebot in **Fett** umgewandelt.

2. Fette

Die eigentlichen Fette, die Triglyzeride, werden im *Magen-Darm-Kanal* ■ 75
zum überwiegenden Anteil in ihre Bestandteile *Glyzerin* und *freie Fettsäuren* zerlegt und die Spaltprodukte resorbiert, d. h. aus dem Darmhohlraum durch die *Darmwand* ins *Blut* transportiert. Die in der *Leber* neu aufgebauten Triglyzeride werden auf dem *Blutwege* den Körperorganen zugeführt und dort zum großen Teil im *Fettgewebe* gespeichert.
Bei Bedarf werden im Fettgewebe **Fettsäuren** freigesetzt und zum arbeitenden *Muskel* transportiert, der sie als wichtiger Energielieferant einsetzt.
Die Mehrzahl der Fettsäuren kann der Organismus aus einfachen Bruchstücken selbst zusammensetzen (synthetisieren). Bei der *Linolsäure*, einer sog. „ungesättigten" Fettsäure (... mit Doppelbindungen im Molekül), ist das nicht der Fall. Diese Linolsäure muß mit der Nahrung zugeführt werden. Sie ist unentbehrlich *(essentiell)*.

3. Eiweiße

Die Eiweiße (Proteine) werden im *Darm* ebenfalls durch spezielle Fermente in ih- ■ 76
re Bestandteile, die *Aminosäuren*, zerlegt. Nach Passage durch die *Darmwand* erfolgt auch hier der Transport zur *Leber*.

Im *Blut* befinden sich neben **Aminosäuren** körpereigene Eiweiße **(Albumine, Globuline)**, die zum Aufbau zelleigener Substanz (z. B. Muskelfibrillen) ebenso herangezogen werden wie für Transportaufgaben und Abwehrreaktionen (s. S. 9), zur Blutgerinnung und zur Aufrechterhaltung des kolloidosmotischen Druckes des Blutes (s. S. 9).

105

9. LE/5

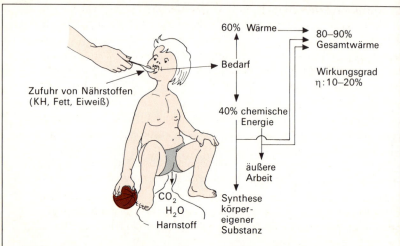

Die mit der Nahrung aufgenommenen Nährstoffe werden zu CO_2 und H_2O abgebaut (s. S. 79). Beim Eiweißabbau entsteht außerdem noch *Harnstoff*. Mit Ausnahme des Harnstoffs sind die Endprodukte energielos.

Die bei der aeroben Oxidation freiwerdenden Energiemengen sind *abhängig* von der *Menge* und der *Art* der verbrannten Nährstoffe oder Nährstoffgemische. Die freiwerdende Energiemenge richtet sich nach den sog. *physiologischen Brennwerten* der Nährstoffe.

Unter physiologischem Brennwert wird die Energiemenge in Kilo-Joule (kJ) verstanden, die bei der „Verbrennung" (aeroben Oxidation) von 1 g des betreffenden Nährstoffes im Organismus freigesetzt wird.

Physiologische Brennwerte:

17,2 kJ/g Kohlenhydrate
17,2 kJ/g Eiweiße
38,9 kJ/g Fette (Beachte den hohen Brennwert der Fette!)

Die freigesetzte Energiemenge geht zum großen Teil in Form von Wärme verloren (70–90%). Der verbleibende Teil wird zur Synthese körpereigener Substanz und zur körperlichen Arbeit (Muskelkontraktion) verbraucht (s. Wirkungsgrad S. 92).

■ **77: Energiezufuhr und Energiebedarf**

9. LE/6

Essentielle (unentbehrliche) Aminosäuren können vom Körper nicht selbst hergestellt werden und müssen mit der Nahrung zugeführt werden. Pflanzliches Eiweiß enthält wenig, tierisches Eiweiß viel von diesen essentiellen Aminosäuren und dazu noch in größerer Menge. Deshalb liegt die **biologische Wertigkeit** von *tierischem Eiweiß hoch.*
Neben den Nährstoffen enthält die Nahrung noch **Wasser, Vitamine** und **Mineralien.**

4. Vitamine

Dazu zählen chemische Verbindungen, die nur in geringer Menge täglich benötigt werden und im Energiehaushalt keine Rolle spielen. Meist sind sie für die Funktion von *Enzymsystemen* notwendig und haben so eine stoffwechselbeschleunigende Wirkung.

Im menschlichen Organismus können die Vitamine *nicht* in ausreichender Menge synthetisiert werden. Sie müssen folglich mit der Nahrung zugeführt werden, wobei der Gesamtbedarf mit Ausnahme von Vitamin C bei <*50 mg pro Tag* liegt.

Ausgeprägte Vitaminmangelzustände, wie Skorbut (Vitamin C) oder Rachitis (Vitamin D), sind heutzutage selten. Häufiger sind relative Vitaminmangelzustände, sog. *Hypovitaminosen.*

5. Mineralien

Man unterscheidet:

1. Mineralien mit relativ *hoher Konzentration* im Organismus, die für den *Salz- und Wasserhaushalt* von Wichtigkeit sind. Hierher gehören die Kationen Natrium, Kalium, Calcium und Magnesium sowie die Anionen Chlorid und Phosphat.
2. Mineralien mit sehr *geringer Konzentration* im Organismus. Man spricht von „Spurenelementen" und zählt dazu die Kationen Eisen, Zink, Kupfer, Mangan und die Anionen Jodid und Fluorid.

   Jodid ist Bestandteil des Schilddrüsenhormons; Fluorid ist für den Zahn- und Knochenaufbau notwendig, und Eisen ist Bestandteil des roten Blutfarbstoffes Hämoglobin. Eisenmangel führt zu **Anämie**, d. i. eine Verringerung der Hämoglobinkonzentration im Blut.

9.2 Nährstoffbedarf in Ruhe

Der Nährstoffbedarf des Menschen ist abhängig vom Brennstoffbedarf für die Energiegewinnung und vom Baustoffbedarf für Neuaufbau oder den Ersatz körpereigener Substanz.
Zur **Energiegewinnung** werden fast ausschließlich die Nährstoffe *Kohlenhydrate* und *Fette* herangezogen, während *Eiweiß* überwiegend als **Baustoff** eingesetzt wird. ■ **77**

107

9.LE/7

---

1. Schritt: Ermittlung des Sollgewichtes aus Körperlänge −100=Sollgewicht(kg),
   ▼   170−100=70 kg
2. Schritt: Für den 18jährigen Jugendlichen werden ≈180 kJ/kg als Energie-
   ▼   bedarf pro Tag angenommen.   ←
        70 kg · 180 kJ/(kg · Tag)=12600 kJ/Tag (12,6 MJ/Tag)
3. Schritt: 50% der täglichen Energiemenge in Form von Kohlenhydraten →
   ▼   12600 kJ/Tag · 0,6=7560 kJ/Tag geteilt durch den physiologischen
        Brennwert für Kohlenhydrate:
        7560 kJ/Tag:17,2 kJ/g ≈440 g KH täglich
4. Schritt: 35% der täglichen Energiemenge in Form von Fetten
   ▼   12600 kJ/Tag · 0,25=3150 kJ/Tag: 38,9 kJ/g≈ 81 g Fett täglich
5. Schritt: 15% der täglichen Energiemenge als Eiweiß
        [optimum ≈1 g/(kg · Tag)]
        12600 kJ/Tag   0,15=1890 kJ/Tag: 17,2 kJ/g≈110 g Eiweiß täglich.

■ **78: Berechnung des Nährstoffbedarfs am Beispiel eines 170 cm
langen Schülers (18 Jahre)**

9. LE/8

Folglich benötigt der im Beruf und in der Freizeit (Sport) körperlich schwer Arbeitende eine größere Nährstoffmenge; ebenso aber auch der Heranwachsende und der Krafttrainierende für seinen erhöhten Baustoffwechsel. Hinzu kommt, daß der normalgewichtige Schüler mit 180 cm Körperlänge eine größere Nährstoffmenge benötigt als der nur 160 cm große und ebenfalls nicht übergewichtige Schüler.

Nun ist man bestrebt, den Nährstoffbedarf des Menschen in einer einheitlichen, vergleichbaren **„Kennzahl"** anzugeben. Da mehr als 80% des Nährstoffbedarfs durch den Energiebedarf bestimmt werden, wird der Gesamtbedarf an Nährstoffen in **Energieeinheiten pro Tag** und **pro kg Soll-Körpergewicht** (früher in *Kalorien*; seit 1. 1. 1978 in *Joule*) angegeben.

Der *Gesamtenergiebedarf* setzt sich aus einem **Basisbetrag** für den Grundumsatz und einem **Zuschlag** für den Arbeitsumsatz zusammen.

Im allgemeinen wird beim Mann mit einem **Basisbetrag von** ≈ 90–120 kJ pro kg Sollgewicht zuzüglich 50% für „mittelschwere" körperliche Arbeit von 45–60 kJ/kg gerechnet, was zusammen ≈ 135–180 kJ/(kg$\times$Tag) ergibt. Für Frauen liegt der Energiebedarf um 15–20% niedriger, für 15–18jährige männliche Jugendliche etwa 20% höher. ■ 78

Mehr als die Hälfte der Nahrung sollte in Form von nicht süß schmeckenden **Kohlenhydraten** zugeführt werden.

Fette sollten nur 25% des Energiebedarfs decken. Daraus ergibt sich ein Fettbedarf von etwas über 1 g/(kg · Tag). Je ein Drittel sollten gesättigte, einfach und mehrfach ungesättigte Fettsäuren sein. 50% dieser Fettmenge ist als sog. verstecktes Fett in der Nahrung enthalten. Somit verbleiben als Streich-, Brat- und Kochfett nur ca. 30–40 g/Tag.

– Der **Eiweißanteil** in der Nahrung darf eine bestimmte Tagesmenge nicht unterschreiten. Die ständig ablaufenden Abbau- und Aufbauvorgänge an körpereigener Substanz setzen eine stetige Eiweißzufuhr voraus. Die maximale körperliche Leistungsfähigkeit eines Nichtsporttreibenden wird erst bei einer täglichen Eiweißzufuhr von $\approx 0,8$ g Eiweiß pro kg Körpergewicht bei ansonsten energetisch ausreichender Kost erreicht. Dieser tägliche Eiweißbedarf wird **Eiweißoptimum** genannt.

9. LE/9

Vom Übergewicht wird gesprochen, wenn das Idealgewicht um 10–20% überschritten ist. Andere Autoren gehen vom sog. Normal- oder Sollgewicht als Bezugsgröße aus. Was wird unter diesen „Gewichten" verstanden?

Nach Broca entspricht das **Normal- oder Sollgewicht** in Kilogramm der um 100 verminderten Körpergröße in cm. Beispiel: Ein Schüler mit 168 cm Körperlänge hat ein Normalgewicht von 168 − 100 = 68 kg.

Das **Idealgewicht** liegt bei Frauen 15% und bei Männern 10% unter dem Broca-Normalgewicht. Ideal ist hierbei nicht das Aussehen der Trägerin oder des Trägers, sondern ihre Lebenserwartung! Lebensversicherungsgesellschaften haben errechnet, daß – statistisch gesehen – im Bereich des Idealgewichtes die Lebenserwartung am höchsten ist.

Von **Übergewicht** wird dann bereits gesprochen, wenn das Normalgewicht um 10–20% überschritten ist. Fettleibigkeit (Adipositas) liegt vor, wenn das Normalgewicht um mehr als 20% überschritten wird.

Es soll nicht verschwiegen werden, daß in zunehmendem Maße dieses Idealgewicht „als zu niedrig angesetzt" bezeichnet wird. Nach den Autoren Kasper und Zang liegt das für die optimale Gesunderhaltung ausreichende Gewicht im Bereich des Normalgewichtes.

Diese Verlagerung des Grenzbereiches ändert nichts an der Tatsache, daß bereits viele Kinder und Jugendliche deutlich übergewichtig sind und damit ihre Lebenserwartung erheblich reduzieren: Bei 10 kg Übergewicht steigt die Sterblichkeit um 20%, bei 20 kg um 50% über den Durchschnitt der Altersklasse an. Durch Verringerung des Körpergewichtes bis zum Normalgewicht erhöht sich die Lebenserwartung wieder und erreicht praktisch den Normalwert.

■ **79: Zum Übergewicht**

9. LE/10

Die sog. **Mischkost** mit einem ausreichenden Energiegehalt sollte wie folgt zusammengesetzt sein:

- 60% als **Kohlenhydrate**, wobei Süßigkeiten und reiner Zucker zugunsten von Vollkornbrot, Obst, Gemüse und Kartoffeln zurückzustellen sind.
- 25% als **Fette**, wobei etwa ein Viertel als Streichfett, ein Viertel als Kochfett und die *Hälfte* als „verstecktes" Fett berechnet werden sollen.
- 15% als **Eiweiß**, wobei 0,8–1 g pro kg Sollgewicht einzuhalten sind. Hierzu sind Milch, Quark, Fisch und Fleisch als relativ eiweißreiche Nahrungsmittel geeignet.
- Die Deckung des **Vitamin- und Mineralbedarfs** ist bei den vorgeschlagenen Nahrungsmitteln im allgemeinen gewährleistet.
- Eine **Flüssigkeitszufuhr** von 1,5 l sollte pro Tag nicht unterschritten werden (s. S. 65).

9.3 Der übergewichtige Schüler

Liegt die Energiezufuhr über einen längeren Zeitraum höher als der Energieverbrauch, so wird die überschüssige Energie in Form von Fett in den Zellen des Fettgewebes gespeichert. Das Körpergewicht steigt vom Idealgewicht über das Normalgewicht (Sollgewicht) bis zum Übergewicht und zur *Adipositas*, der Fettleibigkeit.

■ 79

Etwa jeder dritte Schüler weist in Deutschland Zeichen der Überernährung auf. Übergewicht ist aber nicht nur von der Häufigkeit, sondern auch von den bei längerem Bestehen drohenden Gefahren her ein ernstzunehmendes Problem.

Der Fettleibige (Adipöse) hat im Vergleich zum gleichaltrigen Normalgewichtigen eine *geringere Lebenserwartung*. Folgende Erkrankungen werden durch Übergewicht begünstigt: *Diabetes mellitus* (Zuckerkrankheit), *Hypertonie* (Bluthochdruck), *Herzinfarkt*, *Leberzirrhose* und *Gallensteine*.

Angesichts dieser Gefahren wird die Adipositas zu einem der dringlichsten Probleme der prophylaktischen Medizin, an dessen Lösung sich nicht nur Ärzte, sondern auch der Übergewichtige selbst und seine Umwelt in Familie, Schule und Beruf beteiligen müssen.

Vorbeugende und behandelnde Maßnahmen sind aber nur dann effektiv, wenn man Näheres über die Ursachen der krankmachenden Veränderung – hier der Fettsucht — weiß. Deshalb sollen Sie zunächst mit einigen Untersuchungsergebnissen bekannt gemacht werden, die – wenn auch noch nicht alle gänzlich abgesichert – Ihre Hilfen wirksamer werden lassen.

9. LE/11

Falsch ist die oft gehörte Äußerung, der Adipöse nutze die Nahrung im Magen-Darm-Trakt besser aus als der Normalgewichtige. Wahrscheinlicher ist hingegen eine Störung der Sättigungsregulation und eine häufige Streßbeantwortung mit Appetitssteigerung.

Richtig scheint hingegen die Beobachtung zu sein, daß der Normalgewichtige bei einem Nahrungsüberangebot seine *Wärmeproduktion* steigert und in Form einer „Luxuskonsumtion" diese vermehrt gebildete Wärme über die Haut abgibt. Diese Steigerung der Wärmeproduktion bei zu viel aufgenommener Nahrung scheint dem Adipösen weniger gut zu gelingen.

Das *Behandlungsprinzip* ist einfach: vermehrte Energieausgabe und verringerte Energiezufuhr.

Behandlungserfolge stellen sich nur zögernd ein. Das wird verständlich, wenn man berücksichtigt, daß 1 kg Depot-Fett einen Energiegehalt von $\approx 30\,000$ kJ besitzt. Um das Körpergewicht in 7 Tagen um 1 kg zu verringern, ist die Energiezufuhr täglich um ≈ 4200 kJ zu reduzieren; das sind $\approx 40\%$ des Tagesenergiebedarfs!!!

Rasche Gewichtsabnahmen durch Spezialdiäten sind meist nicht von langer Dauer. Besser ist die *langsam* erfolgende Gewichtsreduktion auf der Basis einer energetisch reduzierten Mischkost und gesteigerter körperlicher Aktivität mit betonter Flexibilitäts- und Ausdauerschulung (Radfahren, Schwimmen, Laufen).

■ **80: Zur Behandlung des Übergewichts**

9. LE/12

Untersuchungsergebnisse und Folgerungen

1. Die durchschnittliche Energiezufuhr liegt in der Bundesrepublik um ca. 1 500 kJ (+14%) zu hoch. Folgerung: *Senkung der Energiezufuhr.*

2. Die Energieausgabe durch Schwerarbeit in Beruf und Freizeit hat in diesem Jahrhundert ständig abgenommen. Folgerung: *Steigerung der Energieausgabe durch vermehrte Bewegung.*

3. Ein Energieüberschuß führt offensichtlich im individuell unterschiedlichen Ausmaß zur Depotfettbildung. Folgerung: *Keine schnelle Gewichtsabnahme erwarten.*

4. Bei $\approx 70\%$ der adipösen Kinder und Jugendlichen ist zumindest ein Elternteil adipös. Die Erblichkeit der Adipositas ist damit aber noch nicht bewiesen, da auch familiäre Eßgewohnheiten, die von den Eltern an die Kinder weitergegeben werden, die Adipositas mit verursachen. Folgerung: *Beeinflussung der Eßgewohnheiten auch in der Umgebung des Kindes.*

5. Die Mehrzahl der adipösen Kinder bewegt sich zu wenig, da sie eine reduzierte Bewegungsbereitschaft aufweisen, die häufig noch durch den Klassenverband unterstützt wird. Sie kennen den Ausspruch aus dem Schulsport: „Der Dicke geht ins Tor!" Folgerungen: *Bewegungsanreize für den Adipösen schaffen.*

6. Das adipöse Kind bevorzugt kohlenhydratreiche, süße Nahrungsmittel. Folgerung: *Nicht nur die Nahrungsmenge reduzieren, sondern auch die Nahrungszusammensetzung ändern.*

Fassen wir die **Behandlungsrichtlinien** bei Fettleibigkeit (Adipositas) ■ **80** zusammen:

– **Verringerung der Energiezufuhr** in Form von energetisch reduzierter Mischkost (Fettanteil und Kohlenhydratanteil reduzieren; Rohfaser (Zellulose)-anteil durch Obst und Gemüse erhöhen; Süßigkeiten „langsam" verringern); langsam essen.

– **Steigerung des Energieverbrauchs** durch vermehrte körperliche Aktivität. Hier ist besonders die verminderte Gelenkbeweglichkeit und die eingeschränkte aerobe Ausdauer beim Adipösen zu entwickeln.

– **Einflußnahme** auf den übergewichtigen Schüler, den Klassenverband und sein Elternhaus. Der Adipöse muß die Behandlung akzeptieren und sie selbst aktiv durchführen. Dabei sollen ihn das Elternhaus und der Klassenverband verständnisvoll unterstützen.

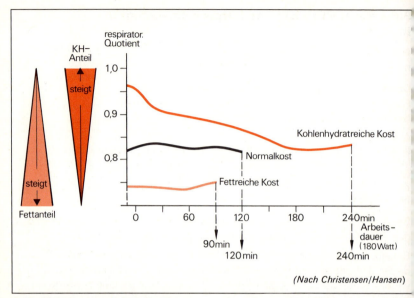

(Nach Christensen/Hansen)

■ 81: Kostform und Arbeitsdauer

In einem nahezu klassisch zu nennenden Versuchsansatz haben skandinavische Wissenschaftler bereits 1939 den Einfluß der Nahrungszusammensetzung auf die Energiebereitstellung bei körperlicher Arbeit untersucht.

Vor einer Dauerbelastung auf einem Standfahrrad (Fahrradergometer, s. S.169) erhielten die gesunden jugendlichen Versuchspersonen über einen längeren Zeitraum unterschiedliche Kostformen.

Die wesentlichen Ergebnisse sind in ■ 81 dargestellt. Auf der Abszisse ist die Arbeitsdauer in Minuten, auf der Ordinate der sog. *respiratorische Quotient* aufgetragen. Dieser Quotient erlaubt Rückschlüsse auf die Zusammensetzung des zur Energielieferung eingesetzten Nährstoffgemisches.

Mit steigendem Quotienten erhöht sich der KH-Anteil, mit sinkendem Quotienten vergrößert sich der Fettsäureanteil am „Brennstoffgemisch".

Zu den Ergebnissen der Untersuchung von Christensen und Hansen:

- Die kürzeste Arbeitsdauer hatten mit 90 Minuten die fettreich ernährten Personen, die – wie zu erwarten war – auch überwiegend Fett als Brennstoff ($\approx$ 70–90%; s. niedriger Quotient) einsetzten.

- Eine 30 Minuten längere Arbeitsdauer wiesen die mit Normalkost (s. S.111) ernährten Personen auf. Hier ist der Anteil der Kohlenhydrate an der Energiebereitstellung auf $\approx$ 50% gestiegen und der der Fettsäuren entsprechend gesunken.

- Eine 150 Minuten längere Arbeitsdauer wurde bei den kohlenhydratreich ernährten Personen festgestellt, die zu Arbeitsbeginn mehr als 75% der Energie aus *Kohlenhydraten bereitstellten. Hierbei ist der Glykogengehalt in der belasteten Muskulatur mit 40–50 g/kg Muskulatur relativ am höchsten. Die geringsten Werte mit 5–9 g/kg wurden bei fettreicher Vorernährung gefunden.*

9.4 Nährstoffbedarf und körperliche Aktivität im Sport

Fett und auch Kohlenhydrate sind die vom Muskel zur Energiegewinnung hauptsächlich eingesetzten Nährstoffe.

Der Anteil des Eiweißes an der Energiebereitstellung liegt bei nur 2–5%. Folglich hat der *Sporttreibende* auch nur einen gering erhöhten **Eiweißbedarf** von ≈ 1,2 g pro kg Körpermasse und Tag.

Ausnahme: Der im *Krafttraining* stehende Athlet benötigt für die Querschnittsvergrößerung seiner Skelettmuskulatur und für den Unterhalt der vermehrten Muskelmasse täglich 1,5–2 g Eiweiß/kg Körpermasse. In Abhängigkeit vom Körpergewicht liegt der Tagesbedarf an Eiweiß dann bei 150–200 g, wobei zur Deckung neben Fleisch insbesondere Fisch und Milchprodukte wegen ihres biologisch hochwertigen Eiweißes zu bevorzugen sind.

Bei *Ausdauerbelastungen* tritt besonders die in den Muskelzellen gelagerte Stärke, das **Glykogen**, als Energielieferant in den Vordergrund. ■ 81

Bei einer Ausdauerbelastung bis zu 30 Minuten Dauer werden etwa $^2/_3$ dieser Glykogenmenge verbrannt. Mit längerer Dauer der Belastungen werden dann die Glykogenvorräte im Muskel verbraucht und somit zunehmend zur leistungsbegrenzenden Größe. Folglich ist eine Kohlenhydratzufuhr während länger dauernder Belastungen notwendig (s. S. 85). Aus mehreren Untersuchungen geht hervor, daß die *Höhe* des Glykogengehalts in der beanspruchten Muskulatur die *Dauer* der Ausdauerbelastung bestimmt. Wird durch eine mehrtägige kohlenhydratreiche Mischkost die Glykogenkonzentration im Muskel gesteigert, so verlängert sich die Dauer, über die eine Ausdauerbelastung zu erbringen ist. ■ 82

Nun werden bei *Ausdauerbelastungen* nicht nur Kohlenhydrate zur Energiegewinnung eingesetzt, sondern auch *Fettsäuren* verbrannt. Bei leichter und mittelschwerer Arbeit (z. B. Einlaufen) unter Normalkostbedingungen erfolgt die Energiebereitstellung aus Fett und Kohlenhydraten (Glykogen) zu annähernd gleichen Teilen.

Mit *zunehmender Arbeitsdauer* mittelschwerer Belastungen *steigt der* **Fettanteil** an der Energiebereitstellung an. Die dafür benötigten Fettsäuren stammen aus dem Muskel selbst oder werden aus dem Fettgewebe mobilisiert und zum Muskel transportiert.

Der Einfluß der Nahrung läßt sich in diesem Zusammenhang vereinfacht so beschreiben:

Fettreiche Kost → betonte Fettverbrennung → Abnahme der Arbeitsdauer
KH-reiche Kost → betonte KH-Verbrennung → Zunahme der Arbeitsdauer

---

■ 30 Jahre später haben wiederum skandinavische Forscher in einem vergleichbaren Versuchsansatz unter Einbeziehung von Muskeluntersuchungen den Einfluß der Nahrungszusammensetzung auf die *Dauer* der Ausdauerleistungsfähigkeit erneut untersucht und folgendes gefunden:

– Kurze Arbeitsdauer nach fettreicher Kost bei einer Glykogenkonzentration im arbeitenden Muskel von nur 0,7 g pro 100 g Muskelgewebe. Gab man den nach Arbeitsabbruch deutlich erschöpften Personen Zuckerlösung zu trinken, so erholten sie sich rasch, was auf das Vorliegen einer zentralen Ermüdung infolge allgemeinen Zuckermangels auch im Gehirn hinweist.

– Mittellange Arbeitsdauer nach Normalkost mit einem Glykogengehalt in der Muskulatur von 1,5–2 g/100 g Muskel.

– Lange Arbeitsdauer nach KH-reicher Kost, wodurch der Glykogengehalt auf 4–5 g/100 g Muskel angestiegen war.

Daraus ergeben sich folgende für die Sportpraxis wichtige *Konsequenzen:*
Eine ausreichend hohe Glykogenkonzentration in der belasteten Muskulatur erhöht nicht nur die Belastungsdauer in den klassischen Ausdauersportarten wie Laufen, Skilanglaufen, Rudern und Radfahren, sondern ist auch für die Leistungsfähigkeit von Fußball- und Handballspielern wichtig. Werden kohlenhydratreiche Mahlzeiten am Tag vor dem Spiel ausgelassen, so ist das Laufpensum geringer, und der Positionswechsel erfolgt in der 2. Spielhälfte langsamer. Die Ursache ist in den hier nur halbvollen Glykogenspeichern der Muskulatur zu suchen.

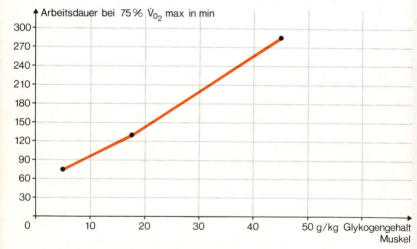

■ **82: Beziehung zwischen Glykogengehalt in der Muskulatur und Arbeitsdauer** (mod. nach Bergström, 1967)

9. LE/16

Die *Arbeitsintensität* (z. B. Laufgeschwindigkeit) wird hingegen weniger von der Glykogenkonzentration, sondern vielmehr von der **maximalen Sauerstoffaufnahme** in ml/(min · kg Körpergewicht) beeinflußt und damit auch von dieser Größe begrenzt.

Mit *steigender Arbeitsintensität* (z. B. Sprints, Zwischenspurts) wird die Energie vorwiegend auf anaerobem Weg (s. S. 81) aus Glucose bereitgestellt. Fettverbrennung spielt hier keine Rolle.

In der *Erholungsphase* müssen die Glykogen- und Fettspeicher wieder aufgefüllt werden.

Das kann Stunden bis Tage in Anspruch nehmen. Diese Vorgänge gehen langsamer vor sich, als es der O_2-Mehrbedarf nach Arbeitsende anzeigt.

9.5 Ernährungsrichtlinien für Sporttreibende

Folgende grundsätzliche Forderung ist an die Ernährung des körperlich Aktiven – insbesondere des Sporttreibenden – zu stellen:

Deckung des hohen Energiebedarfs durch Zufuhr der Brennstoffe Kohlenhydrate und Fett in ausreichender Menge.

Die Nahrungsmengen liegen je nach Trainingshäufigkeit, -dauer und -intensität über 12 000 kJ/Tag und für den Hochleistungsbereich sogar über 20 000–25 000 kJ/Tag.
Dabei soll die Nahrung je nach Sportart im Leistungssportbereich zwischen 40 % und 60 % Kohlenhydrate, 25–35 % Fett und 15–20 % Eiweiß enthalten. Im Freizeitsportbereich und für den Schulsport liegen die Energiebedarfswerte entsprechend niedriger.

117

9. LE/17

Sie haben bereits gelernt, wie man den Energie- und Nährstoffbedarf von Nichtsporttreibenden ermittelt. Hier nun einige Beispiele für verschiedene Sportarten:

Findeisen, Linke und Pickenhain empfehlen für den Bereich des Leistungssports folgende **Energiebedarfswerte** pro Tag:

1. **Ausdauersportarten** ←
   (Mittel- und Langstreckenlauf,   314 kJ/kg Körpergewicht
   Skilanglauf, Schwimmen   KH:60%; Fett:25%; Eiweiß:15%
   200–1 500 m)

2. **Spielsportarten**
   (Basketball, Fußball, Handball,   293 kJ/kg Körpergewicht
   Hockey, Tennis)   KH:54%; Fett:28%; Eiweiß:18%

3. **Kraftsportarten** ←
   (Gewichtheben, Wurfdisziplinen, 318 kJ/kg Körpergewicht
   Stoßdisziplinen)   KH:42%; Fett:36%; Eiweiß:22%

4. **Schnellkraftsportarten**
   (Sprint, leichtathletischer   276 kJ/kg Körpergewicht
   Mehrkampf, alpiner Skisport,   KH:52%; Fett:30%; Eiweiß:18%
   Fechten)

Zur Ermittlung des Tagesenergiebedarfs wird der vorgeschlagene Tafelwert mit der Körpermasse in kg multipliziert und um 10% vergrößert, um die Ausnutzungsverluste (z. B. im Darm) auszugleichen.
Beispiel: Skilangläufer; 70 kg Körpergewicht; Gruppe 1

$$\frac{314 \text{ kJ} \cdot 70 \text{ kg}}{\text{kg} \cdot \text{Tag}} = 21\,980 \text{ kJ/Tag}$$

$$+10\% = 2\,198 \text{ kJ/Tag}$$

$$\overline{ \quad 24\,178 \text{ kJ/Tag}}$$

aufgerundet: $\approx 24\,200$ kJ/Tag

Bei Sportlerinnen ist der errechnete Wert um $\approx 10\text{–}20\%$ zu verkleinern.

Wie auf Seite 109 gezeigt, schließt sich nach Bestimmung des Tagesgesamtenergiebedarfs die prozentuale Aufteilung der Energiemenge auf die drei Nährstoffe an. Aus diesen Kilo-Joule-Werten sind die Grammwerte zu ermitteln und in entsprechende Nahrungsmittelmengen umzurechnen (s. S. 108).

Nährstoffe und sportliche Belastung

Für einzelne sportartspezifische Belastungen gelten die folgenden *Ernährungsregeln*:

1. Kohlenhydratreiche Kost besonders für Dauerleistungen.

Dem Vorteil einer erhöhten Arbeitsdauer bei Ausdauerbelastungen und der geringeren Verdauungsleistung stehen bei kohlenhydratreicher Kost die gesteigerte Gärungsneigung im Darm und der erhöhte Durst gegenüber.

2. Fettangereicherte Kost nur bei stark erhöhtem Energiebedarf pro Tag.

Fettangereicherte Kost hat die Nachteile der langen Verweildauer im Magen sowie der verringerten Ausdauerleistungsfähigkeit und wird deshalb nur bei großem Energiebedarf/Tag eingesetzt, da hierdurch das Nahrungsmittelvolumen klein gehalten werden kann (1 g Fett $\approx$ 39 kJ).

3. Erhöhte Eiweißzufuhr mit hoher biologischer Wertigkeit besonders für Sporttreibende aus dem Bereich der Kraft- und Schnellkraftsportarten.

Der Eiweißbedarf des Sportlers (1,2 g/(kg·Tag)) wird im allgemeinen durch die vergrößerte Nahrungsmenge gedeckt. Allerdings ist Eiweiß tierischer Herkunft (Ei, Milch, Fisch, Fleisch) wegen seiner hohen biologischen Wertigkeit zu bevorzugen. Nur der einen Muskelmassenzuwachs anstrebende Sportler hat einen höheren Eiweißbedarf von 1,5–2 g Eiweiß pro kg Körpermasse und Tag.
Ergänzungspräparate (Eiweißkonzentrate) sind abgesehen vom Hochleistungsbereich entbehrlich.

4. Der erhöhte Vitaminbedarf des Sporttreibenden wird mit Ausnahme der Vitamine B_1 und B_2 sowie C durch die vergrößerte Nahrungsmenge pro Tag im allgemeinen gedeckt.

Die für die aerobe Energiebereitstellung wesentlichen Vitamine B_1 und B_2 liegen in der Nahrung von Sportlern oft an der unteren Grenze des Tagesbedarfs und sind deshalb durch vitaminreiche Nahrungsmittel wie Hefe, Getreide, Fleisch, Leber und Milch zuzuführen.

5. Zusätzliche Eisenzufuhr besonders bei weiblichen Ausdauersportlern.

Der Eisenbedarf des Sporttreibenden ist durch die Eisenverluste mit dem Schweiß und durch den gesteigerten Hämoglobinaufbau ungefähr um das Doppelte gesteigert. Durch die menstruationsbedingten Eisenverluste liegt der Eisenbedarf der Sportlerin mit $\approx$ 40–50 mg/Tag 20% höher als der des Mannes. Um diesen Eisenbedarf täglich zu decken, müßte die Frau im Vergleich zum Mann eine wesentlich größere Nahrungsmenge aufnehmen!! Deshalb wird in begründeten Fällen mit zu niedrigem Hämoglobingehalt (s. S. 5) des Blutes eine zusätzliche Eisenzufuhr empfohlen.

6. Quantitative Deckung der gesteigerten Salz- und Wasserverluste, die bei Sporttreibenden durch Schweißverluste entstehen.

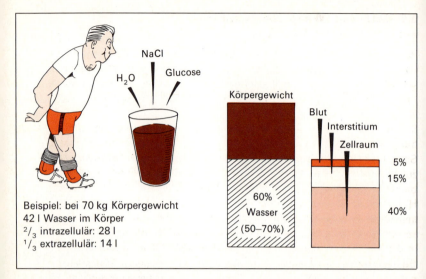

■ 83: Verteilung des Körperwassers

Beim Menschen bestehen 60% des Körpergewichts aus Wasser. Bei Adipösen liegt der Wert mit 50% durch den geringeren Wassergehalt des Fettgewebes etwas niedriger, bei Kindern mit 70% etwas höher. Etwa $2/3$ des Körperwassers befindet sich als *intrazelluläre Flüssigkeit* in den Zellen; $1/3$ liegt im *Extrazellularraum*, der das Wasser im Blut und im Raum zwischen den Zellen (interstitieller Raum) umfaßt.

Dieser interstitielle Raum gilt als Wasserreservoir besonders für das Plasmavolumen. Wasserverluste aus dem Plasmavolumen werden aus dem interstitiellen Raum ersetzt. Erst bei größeren Verlusten verringert sich auch das Plasmavolumen. Überlegen Sie, welche Vorteile dieser Mechanismus für den Sporttreibenden hat!

9.6 Salz- und Wasserhaushalt bei körperlicher Aktivität

Wie Sie in der Lerneinheit 8 gelesen haben, werden 70–90% der während körperlicher Belastung umgesetzten Energie in Form von Wärme freigesetzt. Der Körper des Sporttreibenden muß *zur Abgabe dieser Wärmemenge* von der Haut an die Umgebung (s. S. 59) erhebliche *Schweißmengen* bilden.

So verlieren Marathonläufer während eines Laufes selbst bei Umgebungstemperaturen unter 20 °C zwischen 2–4 l Schweiß, wobei pro Liter Schweiß 1–3 g Kochsalz (NaCl) ausgeschieden werden. Diese *Verluste* zeigen, daß der Wasser- und Salzhaushalt besonders durch Ausdauerbelastungen erheblich beansprucht wird.

■ 83

Hinzu kommt, daß die erhöhte *Lactatkonzentration* im Skelettmuskel bei anaerober Energiebereitstellung (z. B. beim 400-m-Lauf) auf *osmotischem* Weg *Wasser* aus der Umgebung (Blutgefäße, interstitieller Raum) in die Muskelzellen *„saugt"*. Dadurch kann das Plasmavolumen in den Blutgefäßen bei schwerer körperlicher Arbeit akut um 10–20% abnehmen.

Wasser- und **Elektrolytverluste** (Schweiß) sowie **Wasserverlagerungen** in den zellulären Raum können die körperliche Leistungsfähigkeit vermindern.

Wasserverlust ≈ 5% des Körpergewichts (3,5 l bei 70 kg Körpergewicht!) verringern bereits das Schlagvolumen des Herzens. Dadurch reduziert sich die Dauer, über die eine bestimmte Ausdauerleistung (Etappenradrennen u. ä.) erbracht werden kann.

Folglich ist es für den Erhalt der Leistungsfähigkeit und auch zur Vorbeugung gegen gesundheitsbedrohende Störungen (s. Hitzschlag, S. 67) unbedingt notwendig, daß jeder Sporttreibende Wasserverluste *erkennt* und für einen entsprechenden *Ausgleich* des Defizits Sorge trägt.

9. LE/21

Wasserabgabe (ml/Tag)		= Wasserauf-nahme (ml/Tag)
Haut und Lungen:	900 ml	1 000 ml Wasser in fester Speise
Urin:	1 000 ml	300 ml Oxidations-wasser (s. S. 79)
Kot:	100 ml	700 ml Trinkwasser
	2 000 ml/Tag	2 000 ml/Tag

Liter
2 ——
—
1 ——
—

■ **84: Wasserhaushalt des Menschen**

Der maximale **Wasserbedarf** eines 80 kg schweren Menschen ergibt sich aus

– dem *Wasserverlust* durch Wasserverdunstung auf der *Haut* und der Wasserabgabe mit der *Atemluft* sowie durch die Wasserausscheidung mit dem *Kot* und der zur Abgabe der harnpflichtigen Substanzen minimal notwendigen *Urinmenge*.

– Dem steht eine gleich große *Wasseraufnahme* durch den Wassergehalt *fester Speisen*, durch *Trinkwasser* und durch das sog. *Oxidationswasser*, das bei der Kohlenhydratverbrennung freigesetzt wird, gegenüber. Meist wird pro Tag die doppelte Wassermenge als Flüssigkeit getrunken und zum großen Teil über die Nieren wieder ausgeschieden. Bei hohen Schweißverlusten steigt die Trinkmenge noch weiter an.

Zur **Deckung der Elektrolytverluste** ist eine tägliche *Kochsalzzufuhr* von ≈ 4 g und eine ebenso große *Kaliumchloridzufuhr* notwendig. Meist enthält die sog. Normalkost in Mitteleuropa zu viel NaCl, so daß NaCl-Defizite nicht so leicht zu erwarten sind. Eher kommt es zum Magnesiummangel.

Leider reichen die physiologischen *Regulationsmechanismen,* wie z. B. das Durstempfinden, zur Bilanzierung von Wasserverlusten bei Sporttreibenden in den Ausdauer- und Mannschaftssportarten *nicht* aus. Ohne ausgeprägtes Durstempfinden „toleriert" Ihr Organismus einen Wasserverlust von 1–2 l(!). Weitere Wasserverluste führen dann rasch zur Leistungsabnahme.

Wie stellen Sie einen Wasserverlust fest?

Das Vorgehen ist einfach: Sie wiegen sich vor und nach der körperlichen Belastung. Die *Gewichtsdifferenz* in Kilogramm entspricht in etwa dem *Wasserverlust* in Litern.

**Wie gleichen Sie die festgestellte Störung
im Wasser- und Salzhaushalt aus?**

Sie vergrößern die *Trinkmenge* um den Defizitbetrag in Litern. Dieser ■ **84** Elektrolytzusatz verbessert darüber hinaus die Entleerungsgeschwindigkeit des Magens und verhindert, daß die aufgenommene Wassermenge gleich wieder über die Nieren ausgeschieden wird. Zur Deckung der Kohlenhydratverluste bei länger dauernden Belastungen sollen noch *50–100 g Glucose oder Saccharose (Rübenzucker) pro Liter* Flüssigkeit zugesetzt werden.

Nach länger dauernden körperlichen Belastungen kann der vollständige Ausgleich des Wasser- und Elektrolytdefizits *Stunden bis Tage*(!) betragen. Mögliche Elektrolytverluste sollten hauptsächlich *nach* dem Wettkampf (und nicht während) ausgeglichen werden. Erinnern Sie sich: ähnlich lange Zeiten werden zur kompletten Auffüllung geleerter Glykogenspeicher in der Muskulatur angegeben.

Aus dem Gesagten geht zusätzlich hervor, daß Flüssigkeitsbeschränkungen vor und während des Wettkampfes keinesfalls leistungssteigernd wirken.

9. LE/23

Zur gleichmäßigen Belastung des Verdauungsapparates empfiehlt es sich, die beim Sporttreibenden vergrößerte Nahrungsmenge relativ gleichmäßig über den Tag zu verteilen. Folgendes Vorgehen hat sich bewährt:

25% des Tagesbedarfs zum Frühstück
10% zur 1. Zwischenmahlzeit („Z'nüni")
30% zum Mittagessen
10% zur 2. Zwischenmahlzeit („Z'vieri")
25% zum Abendessen

Oftmals verteilen Leistungssportler bei hohem Energiebedarf ihre Nahrungsmenge pro Tag auf 4–8 kleinere Mahlzeiten. Oligosaccharidhaltige Getränke (Oligosaccharide = Mehrfachzucker, aus 3–10 Monosacchariden bestehend) können in kleineren Mengen auch noch 2 Stunden vor dem Wettkampf zur Schonung der Glykogenreserven getrunken werden, ohne größere Verdauungsbelastungen zu erzeugen.

■ 85: **Verteilung der Nahrungsaufnahme auf den Tag**

9.7 Nahrungsaufnahme und Wettkampf

Für die Verdauung im Magen-Darm-Kanal wird ein Teil des Herzminutenvolumens benötigt. Das verkleinert dann die Menge Blut, die der arbeitenden Muskulatur während körperlicher Belastung pro Zeiteinheit zur Verfügung gestellt werden kann.

Folglich nimmt die Leistungsfähigkeit besonders in den Ausdauersportarten dann ab, wenn kurz vor der sportlichen Aktivität eine größere Menge Nahrung aufgenommen wurde. ■ 85

Hinzu kommt noch, daß der unter der linken Zwerchfellkuppel liegende, gefüllte Magen mechanisch das Tiefertreten des Zwerchfells behindert und so die gesteigerte Atemtätigkeit bei körperlicher Belastung erschwert. Auch Luft- und Gasansammlungen im Magen-Darm-Kanal drücken vom Bauchraum her das Zwerchfell in Richtung Thorax und behindern die vertiefte Atmung.

Nahrungsaufnahme vor dem Wettkampf oder der Trainingsbelastung

Zu Beginn einer sportlichen Tätigkeit im Training und im Wettkampf sollte die Verdauungstätigkeit durch die vorausgegangenen Mahlzeiten weitgehend abgeschlossen sein.

Die letzte nicht zu voluminöse Mahlzeit ist etwa 3 Std. vor der sportlichen Aktivität einzunehmen.

Eine Ausnahme bilden **Diabetiker** (Zuckerkranke), die zur Senkung ihrer erhöhten Blutzuckerkonzentration Tabletten einnehmen oder das blutzuckersenkende Hormon Insulin spritzen. Ein zuckerkranker Mitschüler muß etwa *45 Minuten vor* der zu erwartenden körperlichen Belastung, z. B. vor der Schulsportstunde, *30–50 g Kohlenhydrate* in Form von Obst, Zwieback oder Brot essen oder er hat zuvor weniger Insulin gespritzt. So wird einer gefährlichen, schweren Unterzuckerungsreaktion bei dem Diabetiker während der Belastung vorgebeugt. Denken Sie daran, und erinnern Sie Ihren diabetischen Mitschüler!

9. LE/25

**Ernährungstips von Küchenchefs, Delegationsköchen
von Nationalmannschaften und Ernährungswissenschaftlern...**

– Als *eiweißreiche Nahrungsmittel*
werden nicht nur die teuren
„Steaks", sondern vor allem mageres
Schweine- und Geflügelfleisch,
Milch, Quark, Joghurt und Eier
empfohlen.

– Den *Vitamingehalt schonende Zu-
bereitungsarten* der Nahrungsmittel
wie Kochen (Druckkochtopf),
Dämpfen, Dünsten, Grillen sind zu
bevorzugen.

– Besonders Weißmehlprodukte und
Einfach- sowie Zweifachzuckerpro-
dukte fördern die *Zahnfäule (Ka-
ries), auch beim Sporttreibenden.*
Deshalb nach jeder Mahlzeit den
Mund spülen oder besser: die Zähne
putzen.

– *Langsames Essen* und *gründliches
Kauen* zur Nahrungszerkleinerung
erleichtern die Verdauung und verringern die Gasbildung im Magen-
Darm-Trakt. Grob zerkleinerte „hin-
untergeschlungene" Nahrung kann
von den Verdauungssäften nur teilweise aufgeschlüsselt werden. Der
Rest wird in den tieferen Darmab-
schnitten zur Beute von gasbilden-
den Bakterien.

– Meiden Sie *„Energiekonzentrate"
wie Milchschokolade, Pralinen und
Sahnetorten. 100 g Milchschokolade enthalten 2260 kJ Energie, die*

*Sie erst nach einem einstündigen
Lauf mit einer Geschwindigkeit von
10 km/h bilanziert haben.*

– *Bei länger dauernden Ausdauerbelastungen sind kohlenhydrathaltige
Flüssigkeiten* zu trinken, um den
Wasser- und Brennstoffverlust zu
substituieren. Die Zucker (Glucose)-
Konzentration in der Flüssigkeit
sollte 5–10%, d. i. 50–100 g pro Liter,
nicht überschreiten, da sich sonst
die Entleerungsgeschwindigkeit des
Magens verlangsamt und der
Brennstoff folglich erst spät zum
Bedarfsort in der Muskulatur gelangt. Weiterhin muß die mit Zitrone
versetzte Flüssigkeit eine Temperatur von 25 °C haben.
Pro Stunde soll eine *Trinkmenge*
von einem Liter mit 50–60 g Zucker
alle 15–30 Minuten 200–300 ml – getrunken werden. Beim traditionellen
Wasa-Lauf in Schweden – einem
Skilanglauf über mehr als 80 km –
wird z. B. mit Zucker und Zitrone
versetzte Blaubeersuppe gereicht.

– *Meiden Sie Alkohol* im Zusammenhang mit sportlichen Belastungen.
Der nach Alkoholgenuß einsetzende
Leistungsabfall [Reaktionszeitver-
längerung und Koordinationsver-
schlechterung (Technik!)] wird besonders bei Jugendlichen deutlich.

■ **86: Nahrungsaufnahme während Wettkampf und Training**

9. LE/26

Im allgemeinen wird bei **Kraft- und Schnellkraftsportarten** eine *ei-weißreiche* und bei **Ausdauersportarten** eine mehr *kohlenhydratrei-che* Kost vor dem Wettkampf empfohlen.
Dabei sollte auch der stoffwechselgesunde Sportler im Darm *schnell re-sorbierbare Kohlenhydrate* (d.s. Einfach- und Zweifachzucker, s. S.105) *meiden*, da nach erfolgter Resorption eine starke Insulinfreisetzung eine *Hypoglykämie* (Unterzuckerung) mit Leistungsschwäche auslösen kann.

Nahrungsaufnahme während des Wettkampfes

Gemeinhin reichen die Brennstoffvorräte eines den Richtlinien entspre-chend ernährten Athleten aus, um die sportliche Aktivität energetisch ab-zudecken.   ■ **86**
Nur bei Ausdauerbelastungen von längerer Dauer (Marathonläufe, Ski-langläufe), bei länger dauernden Mannschaftswettbewerben mit durch-schnittlich hoher Laufgeschwindigkeit (Fußball) und bei Mehrkämpfen (Zehnkampf) droht eine Verarmung der Glykogendepots in der Muskula-tur und ist folglich eine *Nahrungszufuhr in flüssiger Form* notwendig.
Werden die Verpflegungsstellen bei diesen Wettkämpfen nicht in An-spruch genommen, so kommt es zum sog. „Hungerast", einer Leistungs-minderung infolge Brennstoffmangels.

Nahrungsaufnahme nach dem Wettkampf

Nach Trainings- und Wettkampfbelastungen besteht oft kein Verlangen nach Nahrungsaufnahme. Besonders feste Speisen werden abgelehnt. Trotzdem müssen das „energetische Defizit" gedeckt sowie die Wasser- und Elektrolytverluste ausgeglichen werden.
Es empfiehlt sich deshalb, nach der Belastung eine *leicht verdauliche kohlenhydrat- und flüssigkeitsreiche Kost* anzubieten.

9. LE/27

Ergänzen Sie die folgenden Ernährungsrichtlinien für Sporttreibende

1. Deckung des hohen Energiebedarfs durch Zufuhr der Brennstoffe .... und .... in ausreichender Menge.
2. Kohlenhydratreiche Kost besonders für ....
3. Fettangereicherte Kost nur bei .... Energiebedarf pro Tag.
4. Erhöhte Eiweißzufuhr mit hoher biologischer Wertigkeit besonders für Sporttreibende aus dem Bereich der .... und ....
5. Der erhöhte Vitaminbedarf des Sporttreibenden wird mit Ausnahme der Vitamine .... und .... durch die vergrößerte Nahrungsmenge pro Tag im allgemeinen gedeckt.
6. Zusätzliche .... bei weiblichen Ausdauersportlern.
7. Quantitative Deckung der gesteigerten Wasserverluste, die bei Sporttreibenden durch .... entstehen.

In der folgenden Abbildung ist die Abhängigkeit der Arbeitsdauer bei Ausdauerbelastungen von der Kostform (fettreiche Kost, kohlenhydratreiche Kost, Normalkost) dargestellt. Ordnen Sie die Kostformen der jeweiligen Arbeitsdauer zu!

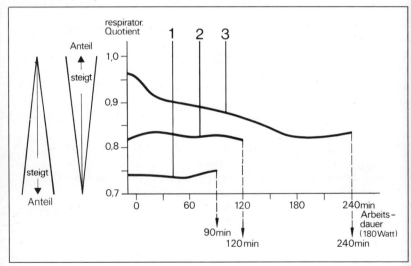

1 .... 2 ....
3 ....

128

9. LE/28

9.8 Lernerfolgskontrolle

1. Nennen Sie die wesentlichen Nahrungsbestandteile!
2. Charakterisieren Sie die drei Nährstoff-Gruppen!
3. Gehen Sie auf die unterschiedlichen Konzentrationen der Nährstoffe in verschiedenen Nahrungsmitteln anhand von Beispielen ein!
4. Was versteht man unter physiologischem Brennwert der Nährstoffe?
5. Wie berechnet sich der Nährstoffbedarf eines nichtsporttreibenden Mitschülers (Körpergröße: 170 cm)?
6. Wie weit kann der Eiweißanteil in der Nahrung ohne Gesundheitsgefährdung für den Schüler reduziert werden?
7. Wie sollte sich die sog. Mischkost zusammensetzen?
8. Definieren Sie die Begriffe Normalgewicht, Idealgewicht, Übergewicht und Fettsucht!
9. Sprechen Sie über Ursachen und Folgeerscheinungen des Übergewichts!
10. Welche Behandlungsrichtlinien sollen bei einem übergewichtigen Schüler angewandt werden?
11. Welche Ursachen hat die unterschiedliche Arbeitsdauer bei Ausdauerbelastungen nach einer Periode fettreicher bzw. kohlenhydratreicher Kost?
12. Welche Folgen hat eine ausgelassene kohlenhydratreiche Mahlzeit vor einem Wettkampf in den Mannschaftssportarten Fußball und Handball?
13. Begründen Sie wesentliche Ernährungsrichtlinien für Sporttreibende!
14. Wie lassen sich die Energiebedarfswerte bei Sportlern in den verschiedenen Sportarten ermitteln?
15. Welche Vor- und Nachteile hat eine kohlenhydratreiche Kost für den Sporttreibenden?
16. Sprechen Sie über den Wasser- und Elektrolythaushalt des Sporttreibenden!
17. Auf welchem Weg lassen sich Wasserverluste beim Sporttreibenden quantitativ feststellen, und wie sollten sie ergänzt werden?
18. Wie sollten die möglichen Elektrolytverluste des Sporttreibenden ergänzt werden?
19. Welche Besonderheiten sind bei der Nahrungsaufnahme **vor** und **während** des Wettkampfes zu beachten?
20. Sprechen Sie über praktische Ernährungstips für den Sporttreibenden!

10. LE/1

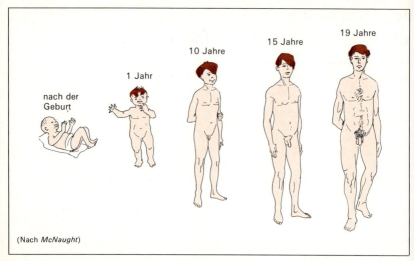

(Nach *McNaught*)

■ 87: Stufen der menschlichen Entwicklung

Der Mensch entwickelt sich aus einer einzigen Zelle bis hin zu einem Verband von 30 Trillionen oder mehr Zellen.
Im *Säuglings- und Kleinkindalter* vollzieht sich eine rasche Entwicklung der Großhirnfunktionen. Im motorischen Bereich beginnt die Entwicklung mit gezielten Greifbewegungen und geht weiter mit dem Erlernen einfacher Bewegungsabläufe bis zum Ende des 6. Lebensjahres.
Das *Kindesalter* erstreckt sich bis zum Eintritt in die Vorpubertät zwischen dem 9. und 11. Lebensjahr. Daran schließen sich die *1. und 2. puberale Phase* (Pubeszenz u. Adoleszenz) an.
Mit dem 16.–17. Lebensjahr ist die *Frau*, mit 18.–20. der *Mann* körperlich ausgewachsen.

■ 88: Körperhöhe und jährlicher Zuwachs in Abhängigkeit vom Lebensalter (nach Crosselt et al., 1985)

Die Wachstumsgeschwindigkeit des Kindes ist im 1. Lebensjahr mit einem Längenzuwachs von knapp 50 %(!) am größten und fällt bereits in der Vorschulzeit steil auf einen jetzt konstant bleibenden Wert von etwa 5 cm/Jahr ab. In der Pubertätsphase folgt ein verstärktes Längenwachstum von durchschnittlich 6 cm jährlich bei den Mädchen und 7–8 cm/Jahr bei den Jungen. Dieser puberale Wachstumsschub tritt bei den Mädchen 2 Jahre eher auf. Anschließend nimmt das Längenwachstum rasch ab. 3–5 Jahre nach der Pubertät ist meist die Endlänge erreicht.

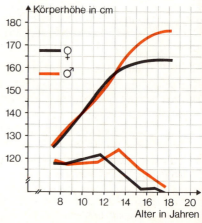

130

10. LE/2

10. Lerneinheit:

Die körperliche Leistungsfähigkeit und Belastbarkeit beim jungen und alten Menschen

10.0 Lernziele

Nach dem Durcharbeiten dieser Lerneinheit sollen Sie in der Lage sein,

– die menschlichen Entwicklungsphasen zu charakterisieren,

– wesentliche Merkmale der körperlichen Leistungsfähigkeit in verschiedenen Altersstufen zu nennen sowie

– geschlechtsspezifische Unterschiede der körperlichen Leistungsfähigkeit zu beschreiben.

10.1 Phasen der körperlichen Entwicklung

Es ist eine Selbstverständlichkeit, daß Kinder eine geringere körperliche Leistungsfähigkeit besitzen als Jugendliche und diese wiederum in den meisten Bereichen den Erwachsenen unterlegen sind. Mit zunehmendem Alter nimmt die Leistungsfähigkeit des erwachsenen Menschen wieder ab. Es ist genauso selbstverständlich, daß ein 60jähriger Mann im allgemeinen nur geringere körperliche Leistungen erbringen kann als ein 30jähriger.

Die körperliche Leistungsfähigkeit ist also bestimmten Entwicklungsphasen unterworfen. ■ 87

Wir wollen Ihnen die Entwicklungsphasen genauer vorstellen, die für die Veränderung der körperlichen Leistungsfähigkeit im Bereich des Kindes- und Jugendalters die größte Bedeutung besitzen.

Nach dem Säuglings- und Kleinkindalter vollzieht sich der Eintritt in das **Kindesalter**, das sich vom 7.–9. (11.) Lebensjahr erstreckt. In diesem Zeitraum findet der sog. **erste Gestaltwandel** statt. ■ 88 ←

– Die *Extremitäten* wachsen schneller als der Rumpf des Kindes.

– Die *Körperproportionen* verschieben sich in Richtung auf die für den Erwachsenen typischen Verhältnisse.

– In dieser Entwicklungsphase verlagert sich der *Körperschwerpunkt* abwärts in den Bereich des Beckengürtels.

– Gleichzeitig vergrößern sich die *Organe des Herz-Kreislaufapparates* und der *Atmung*, wodurch sich die max. Sauerstoffaufnahme und damit die Ausdauerleistungsfähigkeit erhöhen.

131

10. LE/3

Schulung der Koordination
– Wurfbewegung

Schulung der Koordination
– Fangbewegung

Entwicklung der Kraft der
Rückenmuskulatur

Entwicklung der allgemeinen-
aeroben-dynamischen Ausdauer

■ 89: Übungsbeispiele für 9–11 jährige

```
                    SEXUALHORMONE
           ↙              ↓              ↘
Wachstum und Reifung der   Ausbildung sekundärer   Wirkungen außerhalb des
Geschlechtsorgane (Hoden   Geschlechtsmerkmale      Geschlechtsbereiches
und Eierstöcke)
```

■ 90: Wirkungen der Sexualhormone

Einer der Hauptwirkungsbereiche der Sexualhormone ist die *Ausbildung und Reifung der Geschlechtsdrüsen*, Hoden und Eierstöcke sowie der Geschlechtsorgane. Darüber hinaus werden mit Hilfe der Sexualhormone auch die *sekundären männlichen und weiblichen Geschlechtsmerkmale* entwickelt. In diesem Bereich sind z. B. Achsel- und Schambehaarung, Bartwuchs, Kehlkopfwachstum mit Längenzunahme der Stimmbänder („Stimmbruch") und Verbreiterung des Schulter- bzw. Beckengürtels zu nennen.
Außerhalb des Geschlechtsbereichs beeinflussen die Sexualhormone zudem z. B. die *Verteilung des Depotfetts*. So sind bei der Frau die Fettdepots geschlechtsspezifisch stärker ausgebildet als beim Mann.

10. LE/4

Wenn Kinder in diesem Alter im schulischen oder außerschulischen Bereich im Sport betreut werden, ist der *spielerische* Charakter von Bewegungsabläufen zu betonen. Sehr wichtig ist die gezielte Entwicklung der für die normale *Körperhaltung* verantwortlichen Muskelgruppen (Rückenstreck- und Beinmuskulatur). Darüber hinaus sollten *Ausdauerbelastungen von niedriger Intensität* durchgeführt werden.

An das Kindesalter schließt sich die **vorpuberale** Phase an, die beim Mädchen mit dem 9.–10. und beim Jungen mit dem 10.–11. Lebensjahr beginnt. In diesem Zeitraum **verlangsamt sich das Längenwachstum**.

Die Verlangsamung des Längenwachstums schlägt sich in einer *Verbesserung der koordinativen Fähigkeiten* nieder, d.h., die Kinder sind in der Lage, Bewegungsabläufe leichter zu erlernen, als es vorher der Fall war.

Um für die weitere Entwicklung günstige Voraussetzungen zu schaffen, ■ 89 sollten bei Kindern in diesem Alter *Koordinationsübungen* und *Schnelligkeitstraining* bevorzugt werden. Die Kinder können hier vielfältige Bewegungserfahrungen sammeln, aber auch *Ausdauerbelastungen* sollten in dieser Altersstufe verstärkt berücksichtigt werden.

Vorsicht! *Krafttraining* ist dagegen nur dosiert unter Berücksichtigung des noch nicht ausgereiften Skelettsystems durchzuführen. Zu warnen ist in diesem Alter vor Übungen mit häufigen *positiven oder negativen Longitudinalbeschleunigungen* (Beschleunigungen in der Längsachse der Wirbelsäule), wie sie z. B. beim Trampolinspringen auftreten.

Nach der vorpuberalen Phase beginnt die **Pubertät**, also die Zeit der einsetzenden Geschlechtsreife.

Sie wird unterteilt in:

I. Pubeszenz (1. puberale Phase)
II. Adoleszenz (2. puberale Phase)

Zu I.: Bei *Jungen* beginnt die **Pubeszenz** ca. mit dem 12. Lebensjahr und endet mit dem 14. Die *Mädchen* durchlaufen diese Phase zwischen dem 11. und dem 12. Lebensjahr.
In der Pubeszenz beginnt die **Hypophyse**, eine ca. 1 g schwere Drüse ■ 90 im Bereich der Schädelbasis, mit der **Freisetzung von Hormonen**, die auf die Keimdrüsen gerichtet sind und diese zur vermehrten Bildung der **Sexualhormone** anregen (*Androgene*, *Östrogene* und *Gestagene*).

– Die *Androgene* sind männliche Sexualhormone und werden in den *Hoden* (Testes) gebildet.

133

10. LE/5

Kind		Erwachsener
Muskelkraft		
Muskelquerschnitt	<	MUSKELQUERSCHNITT
Max. Kraft	<	MAX. KRAFT
Allgemeine aerobe Ausdauer		
Herzvolumen	<	HERZVOLUMEN
Max. Schlagvolumen	<	MAX. SCHLAGVOLUMEN
MAX. HERZFREQUENZ	⊘>	Max. Herzfrequenz
Max. Herzminutenvolumen	<	MAX. HERZMINUTENVOLUMEN
Max. O_2-Aufnahme/Zeit	<	MAX. O_2-AUFNAHME/ZEIT
Aerobe Kapazität	<	AEROBE KAPAZITÄT
Allgemeine anaerobe Ausdauer		
Anaerobe Kapazität	<	ANAEROBE KAPAZITÄT

■ **91: Leistungsbestimmende physiologische Größen beim Kind im Vergleich zum Erwachsenen**

Sie sehen, daß – abgesehen von der max. Herzfrequenz – das Kind in allen Bereichen der leistungsbestimmenden physiologischen Größen unterlegen ist. Der geringere Muskelquerschnitt des Kindes bringt die geringere Muskelkraft mit sich.
Bis auf die max. Herzfrequenz weisen auch alle leistungsbestimmenden physiologischen Größen im Bereich der allgemeinen aeroben Ausdauer beim Erwachsenen höhere Maximalwerte auf. Die größere max. Herzfrequenz kann die im Maximalwert niedriger liegenden anderen Faktoren (Herzvolumen, Schlagvolumen) nicht kompensieren.
Auch bei der allgemeinen anaeroben Ausdauer („Stehvermögen") ist die Leistungsfähigkeit des Kindes geringer.

134

10. LE/6

– Der wichtigste Vertreter der Androgene ist das **Testosteron**, das neben der Entwicklung der sekundären Geschlechtsmerkmale auch den Muskelaufbau und damit die größere Muskelkraft des männlichen Jugendlichen fördert. Darüber hinaus ist dieses Hormon mit anderen Hormonen zusammen für das Knochenwachstum verantwortlich.

– Die *Östrogene* sind weibliche Sexualhormone, deren wichtigste Vertreter das *Östron* und das *Östradiol* sind. Die Östrogene werden im *Eierstock* (Ovar) gebildet.

– Die *Gestagene* sind die zweite weibliche Hormongruppe und werden vorwiegend ebenfalls im *Eierstock* in der zweiten Zyklushälfte gebildet. Der wichtigste Vertreter der Gestagene ist das *Progesteron*.

In der Pubeszenz sind die Voraussetzungen für die Entwicklung der *allgemeinen aeroben Ausdauer* im Vergleich zu dem Erlernen von neuen Bewegungsfertigkeiten deutlich höher einzuschätzen. Besonders die Mädchen haben in diesem Alter schon fast ihr maximales Sauerstoffaufnahmevermögen erreicht. Ein *Ausdauertraining* sollte in diesem Alter im submaximalen Bereich bei einer Herzfrequenz von 150–180 Schlägen pro Minute durchgeführt werden.

Vorsicht! Beim *Krafttraining* sind Maximalbelastungen zu vermeiden, weil die Muskulatur im Vergleich zum Skelettsystem häufig noch geringer entwickelt ist.

Zu II.: Die **Adoleszenz** reicht beim Jungen vom 14. bis zum 18. (20.) Lebensjahr und beim Mädchen vom 12. bis zum 16. (17.) Lebensjahr. Beim Mädchen beginnt die Adoleszenz mit der **ersten Menstruationsblutung** (Menarche), während es beim Jungen in dieser Entwicklungsphase zur **Produktion reifer Samenzellen** in den Hoden kommt.

In der Adoleszenz prägt sich die *geschlechtsspezifische Differenzierung* der körperlichen Leistungsfähigkeit zwischen Mädchen und Jungen weiter aus. Beim *männlichen* Jugendlichen entwickelt sich unter dem Einfluß des Testosteron die *Skelettmuskulatur* verstärkt weiter.

In sportmedizinischen Untersuchungen hat sich herausgestellt, daß das Herz-Kreislauf-System und die Muskulatur in der Adoleszenz ähnlich *wie beim Erwachsenen* belastet werden können. Die gesunden Jugendlichen weisen dabei durch entsprechendes Training die gleichen Anpassungserscheinungen wie Erwachsene auf (z. B. Sportherz, Zunahme des Muskelquerschnitts), ohne dabei körperlichen Schaden zu nehmen.

Unter Berücksichtigung der Entwicklung von Skelettsystem, Skelettmuskulatur und Herz-Kreislauf-System sollten in der Phase der Adoleszenz hauptsächlich die *Komponenten Kraft und Ausdauer* gefördert werden. Dadurch können wichtige Voraussetzungen für die Entwicklung der körperlichen Leistungsfähigkeit im Erwachsenenalter geschaffen werden.

92: Abhängigkeit der Druckkraft der rechten Hand vom Lebensalter

Auf der Abszisse ist das Lebensalter aufgetragen. Auf der Ordinate erscheint die Druckkraft der rechten Hand in Newton (geprüft am Handdynamometer).
Sie sehen, daß der Kurvenverlauf für Mädchen und Jungen etwa bis zum 12. Lebensjahr annähernd *parallel* ist.
Die Mädchen weisen dabei ca. *10% geringere Werte* als die Jungen auf. Bei den Jungen erfolgt ein *steiler* Anstieg der Kraft unter dem Einfluß der Sexualhormone, etwa beginnend bei dem 13.–14. Lebensjahr. Bei den Mädchen *flacht* nach dem 13.–14. Lebensjahr der Kurvenverlauf *ab*. Sie haben jetzt annähernd die Kraftwerte von *erwachsenen* Frauen erreicht.

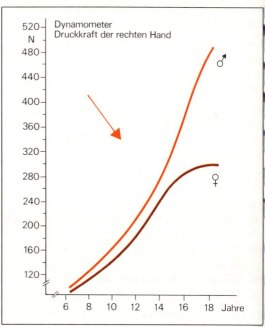

93: Beziehung zwischen max. Armzugkraft trainierter Mädchen und Jungen und dem Lebensalter

Auf der Abszisse erscheint in der oberen Zeile das Körpergewicht in Kilogramm und in der unteren das Lebensalter in Jahren. Auf der Ordinate ist die max. Armzugkraft in Newton aufgetragen.
Wenn Jungen und Mädchen etwa vergleichbar Kraft trainieren, überholen die Jungen erst mit 15–16 Jahren in der Armzugkraft die Mädchen. Das legt die Vermutung nahe, daß der *Kraftrückstand* untrainierter Mädchen im Vergleich zu Jungen auf *traditionsbedingte Einflüsse* zurückzuführen ist.

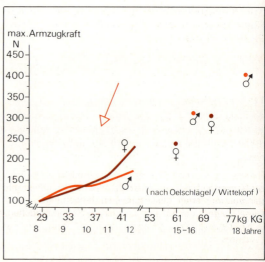

10. LE/8

10.2 Leistungsbestimmende physiologische Größen der Entwicklung im Kindes- und Jugendalter

Ein gegenüberstellender Vergleich der wichtigsten physiologischen Grö- ■ 91
ßen zwischen dem Kind und dem Erwachsenen zeigt – wie zu erwarten
– in den meisten Bereichen deutliche Leistungsvorteile für den Erwachsenen.

Welchen Verlauf aber nimmt die Entwicklung der Leistungsfähigkeit? In
welchen Altersstufen vollziehen sich größere und in welchen kleinere
„Entwicklungsschübe", und wie wirken sich geschlechtsspezifische Lei-
stungsunterschiede im Verlauf der Entwicklung aus?
Um Ihnen die Entwicklung in den verschiedenen Bereichen zu verdeutlichen, haben wir folgende Größen ausgewählt:

I. **Die Muskelkraft**
II. **Die Sauerstoffaufnahme als limitierende Größe für die all-
   gemeine aerobe Ausdauer**
III. **Die allgemeine aerobe Ausdauer am Beispiel des Dauer-
    laufs**
IV. **Die allgemeine anaerobe Ausdauer**
V. **Die max. Laufgeschwindigkeit.**

Zu I.: Die geringere **Muskelkraft** des *Kindes* im Vergleich zum Jugendlichen und zum Erwachsenen ist auf den *geringeren Muskelquerschnitt*
und damit auf die *geringere Muskelmasse* zurückzuführen.

Beim Neugeborenen beträgt die Muskelmasse ca. 25% der Körpermasse. Bei dem
12jährigen erreicht dieser Wert ca. 30%, beim 18jährigen schließlich $\approx$45% der
Gesamtkörpermasse.

Man geht davon aus, daß die Entwicklung der Muskelkraft bei Jungen   ←
und Mädchen etwa bis zum 10. Lebensjahr *parallel* verläuft.

Trainierbarkeit

In Untersuchungen über die **Druckkraft** der rechten Hand wiesen die Mädchen   ■ 92
allerdings um ca. 10% niedrigere Werte im Bereich dieser Altersstufen auf. Führen
die *Mädchen* aber ein *systematisches Training* durch, so verändert sich dieses Verhältnis, wie sich in anderen Untersuchungen herausgestellt hat.   ⇐

Hier zeigte sich, daß die maximale **Armzugkraft** in Relation zum Körpergewicht   ■ 93
bei trainierten Mädchen zwischen dem 11.–13. Lebensjahr erheblich *über* derjenigen von trainierten, gleichschweren Jungen lag.
Diese Tendenz der höheren Trainierbarkeit von Mädchen im Vergleich zu Jungen
in der Altersstufe der 12jährigen zeigte sich auch im Bereich der **Schnellkraft**
(Weitsprung).

137

10. LE/9

■ 94: Beziehung zwischen max. Sauerstoffaufnahme bei Fahrradergometerbelastung und dem Alter

Auf der Abszisse erscheint das kalendarische Alter der Jungen, auf der Ordinate die max. Sauerstoffaufnahme.

Die max. Sauerstoffaufnahme vergrößert sich zwischen dem 8. und 20. Lebensjahr von 1,2 auf 3,5 l/min. Im Alter von 12 Jahren sind erst 25% der Zunahme erreicht.

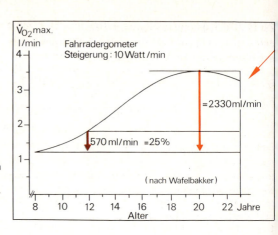

■ 95: Beziehung zwischen der Laufstrecke im 15-Minuten-Lauf und dem Lebensalter

Im Alter von 7 Jahren ist die in 15 Minuten zurückgelegte Laufstrecke der Jungen um 150 m (6,7%) geringer als die der Mädchen. Im Alter von ca. 8 Jahren haben die Jungen die Mädchen „überholt", und dieser Leistungsvorsprung vergrößert sich bis ins 16. Lebensjahr.

Im Alter von 16 Jahren legen die Jungen in der gleichen Zeit ca. 750 m im Mittel mehr zurück als die Mädchen, die ihr Streckenmaximum bereits mit 12 Jahren erreicht haben. Bei den Jungen steigt die Laufstrecke noch über das 16. Lebensjahr aufgrund ihrer dann höheren Ausdauerleistungsfähigkeit an.

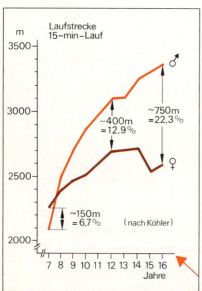

Zu II.: Die Leistungsfähigkeit im Bereich der *allgemeinen-dynamischen-aeroben Ausdauer* wird im wesentlichen durch die maximale **Sauerstoffaufnahme** pro Zeiteinheit (V_{O_2}max) limitiert. Diese ist ihrerseits wieder von der Gesamtmenge an *Hämoglobin,* der *Herzfrequenz,* dem *Schlagvolumen* und der *arterio-venösen Sauerstoffgehaltsdifferenz* abhängig (s. 5. LE, Bd. I).

Die maximale Sauerstoffaufnahme steigt zwischen dem 8. und 20. Lebensjahr von ca. 1,2 auf ca. 3,5 l/min an. Die relative maximale Sauerstoffaufnahme liegt für den 12jährigen Jungen bei ca. 50–55 ml/ (min · kg).

In diesem Zusammenhang ist eine Untersuchung interessant, die von *Shephard* in Kanada durchgeführt wurde, bei der im Zusammenhang mit der Ausdauerleistungsfähigkeit die Sauerstoffaufnahme von Stadtkindern (Toronto) und die von Eskimo-Kindern gemessen wurde.

Dabei stellte sich heraus, daß die Eskimo-Kinder eine 25–30% höhere maximale Sauerstoffaufnahme zu verzeichnen hatten als die Kinder, die in der Stadt aufwuchsen.

Für diese höhere Ausdauerleistungsfähigkeit der jungen Eskimos ist vor allem deren *gesteigerte körperliche Aktivität* verantwortlich zu machen. Die in der Stadt aufwachsenden Kinder hatten vermutlich nur begrenzte Spiel- und Bewegungsräume zur Verfügung, während die freilebenden Eskimo-Kinder ihre Väter auf die Jagd begleiteten und häufig Bewegungsspiele mit Hunden durchführten.

Zu III.: In der Form der **allgemeinen-aeroben-dynamischen Ausdauer** werden Kinder zwischen 10 und 13 Jahren im normalen Schulunterricht zwischen 3 und 15 Minuten kontinuierlich, d. h. ausdauerbelastet. Dieser Zeitabschnitt umfaßt die *Kurzzeitausdauer* (3–10 min) und den *unteren Teil der Mittelzeitausdauer* (10–30 min). Für die Messung der Ausdauerleistungsfähigkeit werden die Kinder auf dem Fahrradergometer ansteigend (z. B. mit 10 Watt/min steigernd) belastet. Achtjährige erreichen dabei im Mittel eine Leistung von 90 Watt, 20jährige von 220 Watt.

Dabei liegt ein Leistungszuwachs von ca. 25% zwischen dem 8. und 12. Lebensjahr. Die verbleibenden ca. 75% bis zum 20. Lebensjahr verteilen sich demnach auf die 8 Jahre zwischen dem 12.–20. Lebensjahr.

Außer im sportmedizinischen Labor kann die Ausdauerleistungsfähigkeit auch durch **schulpraktische Tests** ermittelt werden. Dazu gehören *12-Minuten-Dauerläufe* („Cooper-Lauf") oder auch *15-Minuten-Dauerläufe,* d. h., nach Ablauf der betreffenden Zeiträume (12 oder 15 min) wird die Wegstrecke gemessen, die die Probanden zurückgelegt haben.

In Untersuchungen über 15-Minuten-Dauerläufe zeigt sich zwischen dem 7. und 16. Lebensjahr eine Zunahme der Laufstrecke von 2100 m auf ca. 3300 m bei den Jungen. Die 7jährigen Mädchen legen eine Laufstrecke von ca. 2250 m zurück, während die 16jährigen Mädchen knapp 2600 m schaffen.

96: Beziehung zwischen der Laufstreckenzunahme durch Ausdauertraining und dem Lebensalter bei Mädchen

Bei dieser Untersuchung wurde über 3 Monate hinweg in 3 Sportstunden pro Woche für jeweils 15 min die *aerobe Ausdauerleistungsfähigkeit* nach der Dauermethode trainiert.
Über alle Altersklassen ergeben sich stellenweise beträchtliche Zunahmen der Laufstrecken. Erstaunlicherweise zeigen die 7jährigen Mädchen die größte Zunahme der Laufstrecke, nämlich 50%.
Die Verbesserung der Ausdauerleistungsfähigkeit bei Kindern unter 12 Jahren war bis vor kurzem umstritten. Diese Ergebnisse unterstützen jedoch die Ansicht, daß *auch bei Kindern unter 12 Jahren* neben der Verbesserung der Bewegungskoordination auch die Zunahme der *Leistungsfähigkeit des Herz-Lungen-Systems* zur Steigerung der Ausdauerleistungsfähigkeit beiträgt.

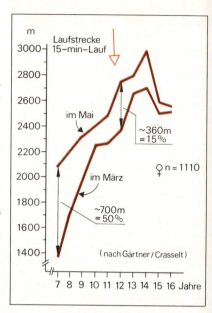

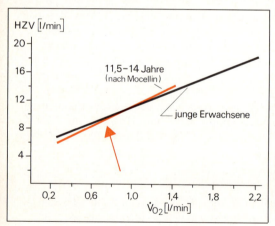

97: Beziehung zwischen Herzzeitvolumen und Sauerstoffaufnahme bei Kindern und jungen Erwachsenen

Auf der Abszisse ist die Sauerstoffaufnahme in l/min aufgetragen. Auf der Ordinate erscheint das Herzzeitvolumen (HZV) in l/min (Herzminutenvolumen).
Bei der Betrachtung der Werte für die 11,5–14jährigen fällt auf, daß diese Werte nur *wenig* von denen der jungen Erwachsenen abweichen.

10. LE/12

Wenn über 3 Monate ein *regelmäßiges Ausdauertraining* durchgeführt wird, lassen sich in den einzelnen Altersstufen *Verbesserungen bis zu 50%* erzielen. ■ 96 ⟵

Aus ■ 97 ergibt sich, daß *Kinder* gegenüber Erwachsenen über eine *geringere aerobe Ausdauerleistungsfähigkeit* verfügen, für die eine Reihe von **physiologischen Gründen** verantwortlich sind.

- So verfügt das Kind im Vergleich zum Erwachsenen über ein *kleineres Herzminutenvolumen*, das auf ein geringeres Herzvolumen zurückzuführen ist, welches wiederum ein kleineres Schlagvolumen produziert. Dieses Defizit kann *nicht* durch die höhere max. Herzfrequenz des Kindes ausgeglichen werden, die bei Kindern etwa um 15 Schläge höher liegt als beim Erwachsenen.

- Als Folge des geringeren Herzminutenvolumens ergibt sich beim Kind auch eine *geringere maximale Sauerstoffaufnahme*, wie Sie in den vorangegangenen Abschnitten gesehen haben. ■ 97 ⟵

- Darüber hinaus besitzt das Kind auch eine *niedrigere Gesamtmenge des „Sauerstofftransporteurs" Hämoglobin* im Blut.

10. LE/13

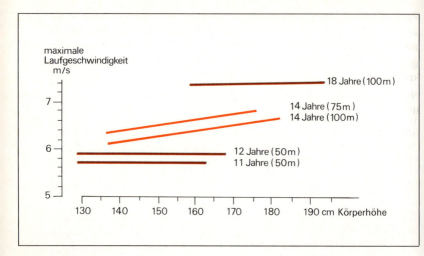

■ 98: **Beziehung zwischen Alter, maximaler Laufgeschwindigkeit und Körpergröße**

Auf der Abszisse erscheint die Körperhöhe. Auf der Ordinate ist die maximale Laufgeschwindigkeit in m/s aufgetragen.
Die verschiedenen Geraden repräsentieren die Altersstufen 11, 12, 14 und 18 Jahre.
Im Bereich der 11-, 12- und 18jährigen ist kein statistisch bedeutsamer Anstieg der Geraden zu verzeichnen, d. h., in diesen Altersstufen ist bei zunehmender Körperhöhe *keine* Zunahme der Laufgeschwindigkeit feststellbar.
Das trifft für die Altersstufe der 14jährigen nicht zu. Hier laufen die größeren 14jährigen, die sich in der *Pubertät* befinden und über eine *höhere Muskelkraft* verfügen, auch schneller als die kleineren 14jährigen.

10. LE/14

Zu IV.: Im Vergleich zu Erwachsenen weisen Kinder auch eine *geringere anaerobe Kapazität* auf. Das bedeutet, daß sie über eine **reduzierte anaerobe Ausdauerleistungsfähigkeit** gegenüber Erwachsenen verfügen. Als Maß für diese anaerobe Ausdauerleistungsfähigkeit von Kindern kann die *maximale Laktatkonzentration* im Blut angesehen werden.

Nach erschöpfender Belastung auf dem Fahrradergometer wurden bei 6–10jährigen Laktatwerte von 5–8 μmol/ml Blut festgestellt. Diese Werte stiegen bei 10–12jährigen bis auf 10–12 μmol/ml Blut. ■ 98
In anderen Untersuchungen, bei denen Kinder in der Sporthalle 200-m-Läufe in durchschnittlich 42 s absolvierten, wurden Herzfrequenzen von 192 Schlägen pro Minute im Mittel gemessen. Die Laktatkonzentration im Blut der Kinder stieg bis auf Werte an, die ≈600% über dem Ausgangswert lagen.

Man geht davon aus, daß die maximal erreichbaren Laktatwerteb bei Kindern um 10 μmol/ml liegen. Bei Erwachsenen mit hoher anaerober Kapazität wurden dagegen schon Werte von mehr als 20 μmol/ml Blut festgestellt! All diese Befunde unterstreichen die *geringere anaerobe Ausdauerleistungsfähigkeit* des Kindes im Vergleich zum Erwachsenen.

Die Gründe für die relativ niedrigen maximalen Laktatwerte sind in der relativ geringen Gesamtmuskelmasse und der noch gering entwickelten Schnellkraft sowie dem relativ hohen Ruheumsatz der wachsenden Zellen des Kindes zu suchen.

Daraus ist zu folgern, daß eine *betonte Schulung der anaeroben Ausdauer* bei Kindern vor dem 12. Lebensjahr im schulsportlichen Bereich kaum möglich und damit *abzulehnen* ist.

Bei körperlicher Belastung im Schulsport sollte, z. B. beim *Circuit-Training*, auf eine *ausreichende Pausenlänge* zwischen den einzelnen Übungen geachtet werden, um eine stärkere anaerobe Ausdauerbelastung zu vermeiden. Die Herzfrequenz der Schüler sollte sich in diesen Pausen auf ca. 130 Schläge pro Minute verringern.

Zu V.: Mit der Altersentwicklung des Kindes zum Jugendlichen und zum Erwachsenen nimmt auch seine **maximale Laufgeschwindigkeit** zu, die allerdings im allgemeinen von der *Körperhöhe nicht abhängig* ist.
Betrachtet man die Entwicklung der maximalen Laufgeschwindigkeit, so ■ 99
stellt sich heraus, daß 11jährige eine maximale Laufgeschwindigkeit von ca. 5,7 m/s, 12jährige von 5,9 m/s, 14jährige von 6,2–6,6 m/s und 18jährige von 7,4 m/s im Mittel aufweisen.

Nur in der *Altersstufe der 14jährigen zeigt sich eine positive Beziehung* zwischen der Laufgeschwindigkeit und der Körperhöhe. Größere 14jährige laufen also schneller als kleinere.
Begründung: Bei größeren 14jährigen hat unter dem Einfluß der männlichen *Sexualhormone* auch die *Muskelkraft* zugenommen, was sich auf die Kontraktionsgeschwindigkeit der Muskulatur und damit auch auf die maximale Laufgeschwindigkeit auswirkt.

143

AKZELERATION : Biologisches Alter > Kalendarisches Alter

RETARDIERUNG : Biologisches Alter < Kalendarisches Alter

■ 99: Akzeleration und Retardierung

Eine individuelle Akzeleration von Schülern liegt vor, wenn das *biologische Alter größer* ist als das *kalendarische*.

Eine Retardierung ist dann gegeben, wenn das *biologische Alter geringer als das kalendarische* ist.

Das *biologische Alter* kann objektiv aus der Entwicklung der *Geschlechtsmerkmale* und aus der Größe bestimmter *Knochen* im Röntgenbild ermittelt werden.

Es läßt sich für die **Schulpraxis** auch relativ verläßlich aus der *Körperhöhe* und dem *Körpergewicht* schätzen.

■ 100: Akzelerierter und retardierter 13jähriger Schüler

Der **retardierte** Schüler ist *biologisch jünger* als kalendarisch. Das bedeutet, daß die Entwicklung seines Skelettsystems, seiner Skelettmuskulatur und seines Herz-Kreislauf-Systems den Stand eines z.B. 10–11jährigen aufweisen kann.

Der **akzelerierte** Schüler ist *biologisch älter* als kalendarisch. Sein Skelettsystem, seine Skelettmuskulatur und sein Herz-Kreislaufsystem können einem kalendarisch 15–16jährigen Schüler entsprechen.

Beide Schüler befinden sich aber gemäß ihrer Altersstufe in derselben Klasse und nehmen an demselben Sportunterricht teil. Daraus ergibt sich die Gefahr der Überforderung für die Retardierten und der Unterforderung für die Akzelerierten.

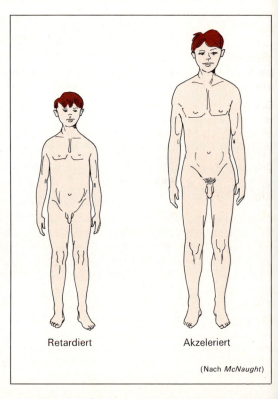

Retardiert　　　　Akzeleriert

(Nach *McNaught*)

10. LE/16

10.3 Körperliche Leistungsfähigkeit und Akzeleration

Besonders in der Entwicklungsstufe der Pubeszenz ist zu beobachten, daß Kinder stark voneinander abweichende *Körperhöhen* und *Körpermassen* aufweisen, obwohl sie kalendarisch in der gleichen Altersstufe sind. Die Entwicklung der Größeren ist also *beschleunigt* verlaufen, sie sind *„akzeleriert"* (lat.: accelerare = beschleunigen).

Man unterscheidet grundsätzlich zwei Erscheinungsformen der Akzeleration. Die *Akzeleration der mittleren Körperhöhe* einer Gruppe, die ←— kalendarisch gleichalt ist und die *individuelle Akzeleration*, d. h., die unterschiedlich schnelle Entwicklung einzelner Kinder bzw. Jugendlicher innerhalb eines Kollektivs Gleichaltriger.

Da die Akzeleration der *mittleren* Körperhöhe zu dem Problem der *allge-* ■ 100 *meinen* Wachstumsbeschleunigung gehört („Früher waren die Menschen kleiner"), gehen wir hier nur auf das Problem der *individuellen Akzeleration* ein.

Eine **individuelle Akzeleration** liegt vor, wenn das biologische Alter größer ist als das kalendarische Alter. Neben der Akzeleration besteht nun auch die Möglichkeit, daß die Kinder *biologisch jünger* sind, als es ihr aktuelles kalendarisches Alter ausweist. In diesen Fällen liegt eine **Retar-** ◁—— **dierung** vor.

Bei diesen Kindern zeigt sich im allgemeinen ein geringeres Körpergewicht und eine geringere Körperhöhe als bei denjenigen des Gruppendurchschnitts.

Das aktuelle **biologische Alter** läßt sich aus dem Entwicklungsstand der *sekundären Geschlechtsmerkmale* und der *Größe bestimmter Knochen* (z. B. Handwurzelknochen) im Röntgen-Bild bestimmen.

Eines der wichtigsten Probleme, das sich aus dem Unterschied zwischen *biologischem* und *kalendarischem Alter* ergeben kann, ist dasjenige der **körperlichen Belastbarkeit** und der **körperlichen Leistungsfähigkeit**.

Muß ein akzelerierter Schüler, z. B. im Schulsport, geringer belastet wer- ■ 101 den als seine Klassenkameraden, weil evtl. das Herz-Kreislauf-System der Entwicklung des Skelettsystems „hinterherläuft", oder muß der Akzelerierte nicht sogar höher belastet werden? Diese Fragen sind oft diskutiert worden, und es hat sich herausgestellt, daß die Behauptung der **geringeren Belastbarkeit des Akzelerierten falsch** ist! Der Akzelerierte muß im Gegenteil seinem *biologischen Alter entsprechend stärker* belastet werden als z. B. der Durchschnitt der Klasse.

10. LE/17

1. In der Pubertät weist eine Gruppe *kalendarisch* gleichaltriger Schüler erhebliche biologisch bedingte Unterschiede in der körperlichen Leistungsfähigkeit auf.

2. Unter *sportmedizinischen* Gesichtspunkten ist es im Sinne der angemessenen körperlichen Belastung zweckmäßig, diese Gruppe in drei Untergruppen aufzuteilen.

3. In einer Gruppe befinden sich retardierte, in einer zweiten „normal" entwickelte und in einer dritten Gruppe akzelerierte Kinder.

4. Bei dieser Differenzierung kann die Höhe der körperlichen Belastung entsprechend dem *biologischen Alter* gewählt werden.

■ 101: Folgerungen der unterschiedlichen pubertären Entwicklung für die körperliche Belastung

Die Beachtung der individuellen Akzeleration und Retardierung ist von großer Bedeutung, z. B. für die Belastung der Kinder im Schulsport. Die Folgerungen daraus werden zwar dem Entwicklungsstand in Beziehung zur körperlichen Belastung gerecht, andere Kriterien (z. B. der sozialen Integration der Gruppe) bleiben aber unberücksichtigt. Deshalb werden noch weitere Differenzierungen notwendig.

Um die Erfolgsaussichten eines mehrjährigen intensiven täglichen Trainings beurteilbar zu gestalten und damit mögliche Enttäuschungen klein zu halten, stellt sich die Frage nach der Prognose von Talenten im Sport.
Die Häufigkeit von solchen Talenten ist gering (u. U. 1 : 1 000 und ungünstiger)

■ 102: Das Sporttalent

Die Schwierigkeit liegt weniger bei der *Talentsuche* als bei der Förderung erkannter Talente. Die Prognosesicherheit von Talenten ist um so unsicherer, je länger der Beurteilungszeitraum ist. In vielen Fällen ist der sog. Trainer-Blick das wichtigste Instrument der Talentsuche. Erschwerend kommt hinzu, daß offensichtlich nicht nur z. B. die absolute Höhe der $\dot{V}_{O_2\,max}$ für die Ausdauertalentprognose entscheidend ist, sondern auch deren Trainierbarkeit – genetisch bedingt – unterschiedlich sein kann. Das erschwert die Prognose zusätzlich.

10. LE/18

In Untersuchungen von *Hollmann* und *Bouchard* hat sich herausgestellt, daß die größten Unterschiede zwischen biologischem und kalendarischem Alter zwischen dem 13. und 14. Lebensjahr aufgetreten sind. Diese Unterschiede betrugen im Durchschnitt 4 Monate.
Auf einzelne Kinder bezogen traten sogar Unterschiede von bis zu 60 Monaten auf, d.h., ein *kalendarisch* 14 jähriger kann *biologisch* bis zu 5 Jahre jünger oder älter sein.

Analysen des biologischen Alters ergaben, daß es in einer engen Beziehung zur Körperhöhe und zum Körpergewicht stand. Die *Akzelerierten* wiesen neben einer *größeren Körperhöhe* und einem *größeren Körpergewicht* auch im Durchschnitt ein größeres *Herzvolumen*, eine größere maximale *Sauerstoffaufnahme* und eine größere *Muskelkraft* auf.

Bezieht man die Größe eines der wichtigsten inneren Organe, des Herzens, auf das Körpergewicht (Herzvolumen/Körpergewicht), so ergeben sich für *Akzelerierte und Retardierte annähernd gleiche Werte.*

Die **inneren Organe** und ihre **Leistungsfähigkeit** entwickeln sich al- ■ **101** so beim Akzelerierten **proportional zur Körperhöhe**. Diese Ergebnisse machen deutlich, daß der Akzelerierte und der Retardierte *entsprechend ihrem biologischen Alter,* das sich in der Entwicklung von Körpergröße und Körpergewicht äußert, belastet werden müssen. Das kalendarische Alter ist in diesem Zusammenhang kein sinnvolles Kriterium!

Häufig wird nun aber der „schnellwachsende" Jugendliche, nicht zuletzt durch Atteste, körperlich inaktiviert und damit erst die Leistungsfähigkeit verringert.
Hollmann wies nach, daß mit individuell dosiertem Ausdauertraining in solchen Fällen erhebliche Leistungsverbesserungen innerhalb kurzer Zeit zu erreichen sind.
Das Sporttalent weist überdurchschnittliche Leistungen und hohe Steigerungsmöglichkeiten in einem sportartspezifischen Bereich auf. Außerdem müssen diese Talente durch eine effektive Talentsuche erkannt werden.

103: Beziehung zwischen Muskelkraft und Lebensalter

Auf der Abszisse ist das Alter in Lebensjahren angegeben, auf der Ordinate erscheint die Muskelkraft in Prozent der maximalen Muskelkraft. Im Alter von ca. *25 Jahren* weist der Mensch über den Verlauf des Lebens gesehen sein *Kraftmaximum* auf.
Die Muskelkraft nimmt dann mit zunehmendem Alter kontinuierlich ab. Sie erreicht mit dem 70. Lebensjahr mit 60% beim Mann etwa den gleichen Wert wie zwischen 12 und 14 Jahren, also in der Pubertät.

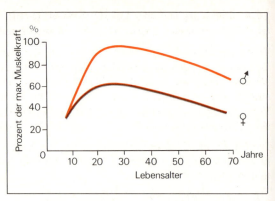

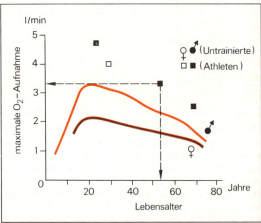

104: Beziehung zwischen der maximalen Sauerstoffaufnahme und dem Lebensalter

Mit dem Lebensalter nimmt die maximale Sauerstoffaufnahme kontinuierlich ab.
Im Alter von 70 Jahren erreicht sie bei untrainierten Männern und Frauen etwa den Wert von 12–14jährigen. Mit 65 Jahren beträgt sie im Mittel bei Männern und Frauen jeweils nur noch 70% des Wertes mit 25 Jahren.
Der Wert der maximalen Sauerstoffaufnahme des 65jährigen untrainierten Mannes entspricht im Mittel dem Wert der 25 Jahre alten untrainierten Frau.
Bei ausdauertrainierten Athleten vollzieht sich der Leistungsabfall nicht so schnell. Die absolute max. Sauerstoffaufnahme bei Männern bleibt auch im Alter von 55 Jahren auf einem höheren Wert. Sie kann dann den Werten von 20jährigen Untrainierten entsprechen.

10. LE/20

10.4 Die körperliche Leistungsfähigkeit und Belastbarkeit des älteren Menschen

Wenn der Mensch die Entwicklungsphase der höchsten körperlichen Leistungsfähigkeit, die zwischen dem 15. und 30. Lebensjahr liegt *(Hochleistungsalter)*, durchschritten hat, nimmt seine körperliche Leistungsfähigkeit, je älter er wird, wieder ab. Wie kommt es nun zu dieser Verringerung der körperlichen Leistungsfähigkeit, und welche Faktoren sind dafür verantwortlich?

Die **Faktoren**, die für diese Verringerung der körperlichen Leistungsfähigkeit hauptsächlich verantwortlich sind, können in drei Gruppen eingeteilt werden:

I. Veränderungen am Skelettsystem

II. Veränderungen an der Skelettmuskulatur

III. Veränderungen im Bereich des Herz-Lungen-Systems (kardiopulmonales System).

Zu I.: Mit fortschreitendem Alter treten Veränderungen am **Skelettsystem** ein, die eine Verringerung der körperlichen Leistungsfähigkeit in diesem Bereich zur Folge haben.

Das Skelettsystem kann nicht mehr so stark belastet werden wie beim jungen Menschen.

So verarmen mit steigendem Alter Knorpel, Knochen, Gefäßwände und Zwischenwirbelscheiben an Wasser. *Schlackenstoffe sammeln sich verstärkt an*. Das führt dazu, daß die Gelenkbeweglichkeit abnimmt und damit die Verletzungsgefahr bei körperlicher Aktivität zunimmt.
Durch die *Abnutzungserscheinungen der Zwischenwirbelscheiben* verringert sich die Beweglichkeit der Wirbelsäule, und durch die Abnahme der Höhe der Zwischenwirbelscheiben verringert sich auch die Körpergröße des älteren Menschen.

Zu II: Die Veränderungen an der **Skelettmuskulatur** beruhen auf   ■ 103
einer *Verringung der Muskelmasse* und auf einem *Absinken der Konzentration bestimmter Elektrolyte im Muskel.*

Bei älteren Menschen ist die Muskelkraft und auch die Trainierbarkeit in diesem Bereich verringert.

Die Abnahme der Muskelkraft ist auf die *Verringerung des Muskelquerschnitts* zurückzuführen *(Muskelschwund)*. Dabei sinken der *Wassergehalt* des Muskels sowie dessen *Kalium-* und *Calciumkonzentration* ab.

Zu III: Zu den wesentlichen Veränderungen im Bereich des **kardiopul-**   ■ 104
monalen Systems gehören die *Verringerung des Querschnitts der Herzmuskulatur* und die *Zunahme der Diffusionsstrecken* in der Skelettmuskulatur. Dadurch *nehmen das maximale Herzminutenvolumen* und die maximale *periphere Sauerstoffausschöpfung ab.*

10. LE/21

■ 105: Beziehung zwischen Atemminutenvolumen und Lebensalter

Mit zunehmendem Alter verringert sich die *Dehnbarkeit der Lunge*, der *Thorax* wird starrer, und die *Kraft der Atemmuskulatur* nimmt ab.

Durch diese Faktoren verringert sich das max. Atemminutenvolumen, das sich dann u. a. limitierend auf die Ausdauerleistungsfähigkeit auswirkt.

Im Alter von 60 Jahren werden die Werte erreicht, die bei 10–12 jährigen üblich sind.

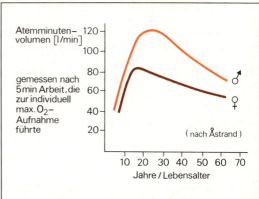

■ 106: „Klassische" Sportarten für den älteren Menschen

Auch im Alter ist eine *regelmäßige, dosierte* Ausdauerbelastung sehr empfehlenswert. Dazu eignen sich besonders Sportarten wie Schwimmen, dosierter Trimm-Trab, Wandern und Radfahren.

Durch regelmäßige Ausdauerbelastungen kann die Leistungsreserve des Herz-Kreislaufsystems erhöht werden.

„To add life to years not just years to life."

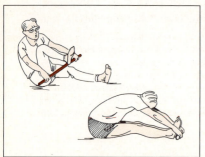

■ 107: Beispiele zu gymnastischen Übungen für ältere Menschen

Mit zunehmendem Alter sinkt auch die Gelenkbeweglichkeit durch *Verknöcherungen* und *Knorpelabnutzungen*.

Auch hier helfen *regelmäßige* und *dosierte* Belastungen, die Leistungsfähigkeit und damit weitgehende Beschwerdefreiheit sicherzustellen.

10. LE/22

Diese Veränderungen führen dazu, daß die maximale Ausdauerleistung des alten Menschen abnimmt.

Welche Faktoren begrenzen die Sauerstoffaufnahme, die für die Ausdauerleistungsfähigkeit entscheidend ist?

Durch die Abnahme des Querschnitts der Herzmuskulatur verringert sich das *Schlagvolumen*, das mit der Herzfrequenz multipliziert das Herzminutenvolumen ergibt, also die wesentliche beeinflussende Größe für die maximale Sauerstoffaufnahme. Neben dem Schlagvolumen verringert sich auch die *max. Herzfrequenz* mit zunehmendem Alter (25jähriger: 190–200 Schläge/min; 50jähriger 170 Schläge/min).

Das heißt, ein Faktor für die verminderte Ausdauerleistungsfähigkeit des alten Menschen liegt in der Reduktion des **Herzminutenvolumens.** Ein weiterer Faktor ist die **max. periphere Sauerstoffausschöpfung**, die beim alten Menschen ebenfalls absinkt.

Mit zunehmendem Alter *verlängern sich die Diffusionsstrecken für Sauerstoff* zwischen den Kapillaren und der Muskelzelle. Damit kann nicht die Menge an Sauerstoff ausgeschöpft werden, die bei den kürzeren Diffusionsstrecken des jungen Menschen möglich ist.

Darüber hinaus läßt im Alter die *Dehnbarkeit der Blutgefäße nach*. Die Folge davon ist, daß der *Blutdruck* in Ruhe höher liegt als beim jungen Menschen und bei körperlicher Aktivität stärker ansteigt. Das schränkt die im Alter reduzierte **Leistungsfähigkeit der Herzmuskulatur** weiter ein.

Bei zunehmendem Alter tritt auch eine verstärkte *Verknöcherung der Rippenknorpelgrenzen* ein, wodurch die Dehnbarkeit des Brustkorbes (Thorax) eingeschränkt wird. Außerdem findet *im Lungengewebe ein Schwund an elastischen Fasern* statt, was zur Folge hat, daß die Zahl der Alveolen und damit die *Fläche für den Gasaustausch abnimmt.* Hinzu kommt weiter, daß die *Kraft der Atemmuskulatur sinkt.* Alle diese Faktoren führen dazu, daß sich das **maximale Atemminutenvolumen** verringert. ■ 105

Die Leistungsminderung im Bereich der Ausdauer beim alten Menschen bedeutet *nicht,* daß ein Ausdauertraining hier ohne Erfolg wäre!

Mäßig dosierte Ausdauerbelastungen führen auch beim alten Menschen zu einer signifikanten Verbesserung der Leistungsfähigkeit des Herz-Lungen-Systems und damit zur höheren Leistungsreserve. Günstiger für die Erhaltung der Leistungsfähigkeit des Herz-Lungen-Systems ist allerdings, in jüngeren Jahren ein regelmäßiges Ausdauertraining zu beginnen und bis ins hohe Alter fortzusetzen. Neben der Ausdauer sind beim älteren Menschen die Gelenkbeweglichkeit zur Minderung des Frakturrisikos und die Koordination sowie die Kraft der Rumpfmuskulatur dosiert zu entwickeln. ■ 106 ■ 107

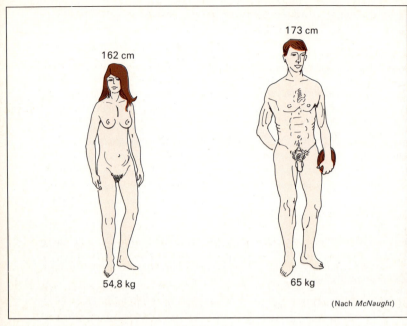

(Nach *McNaught*)

■ **108: Körperbau von Mann und Frau**
Die Frau ist im Durchschnitt 10–13 cm *kürzer* und bis zu 25% *leichter* als der Mann. Sie weist einen ca. 6% *geringeren* Anteil der Skelettmuskulatur an der Körpermasse auf als der Mann. Dieser Unterschied erklärt die höhere muskuläre Leistungsfähigkeit des Mannes.
Die *Kraft* pro Quadratzentimeter Muskelquerschnitt beträgt bei Mann und Frau *gleichermaßen* 40–100 N.

Gegen eine sportliche Betätigung während der Menstruation – von krankhaften Verläufen abgesehen – bestehen bei entsprechender Monatshygiene keine sportmedizinische Bedenken.

1. Setzen von Bewegungsreizen zur altersgemäßen Entwicklung von Skelettsystem, Skelettmuskulatur und Herz-Kreislauf-System
2. Vorbeugen gegen Bewegungsmangelkrankheiten und ihre Folgeerscheinungen
3. Vermittlung von Kenntnissen und Verhaltensweisen für die Alltagshygiene
4. Anregung zur körperlichen Aktivität im Freizeitbereich bis ins hohe Alter

■ **109**: **Hauptaufgaben des Schulsports aus sportmedizinischer Sicht**

10.5 Geschlechtsspezifische Unterschiede in der Leistungsfähigkeit

Unterschiede in der körperlichen Leistungsfähigkeit zwischen Mann und Frau sind eine Selbstverständlichkeit. Allerdings sind sie eher *quantitativer* als qualitativer Natur und beruhen auf *genetisch* bedingten Unterschieden in Körperbau und Organfunktion.

Die Unterschiede im **Körperbau** bestehen darin, daß die Frau im Durchschnitt 10–13 cm *kürzer* und ca. 25% *leichter* ist als der Mann. Im Vergleich zu den Extremitäten ist ihr *Rumpf länger* als der des Mannes. Dem *schmaleren Schultergürtel* steht ein *breiterer Beckengürtel* gegenüber.

■ 108

Ihre geringere Körpergröße und der um ca. 6% geringere Muskelanteil an der Körpermasse erklärt den Unterschied in der **Muskelkraft** zwischen Mann und Frau. Die Kraft pro Quadratzentimeter Muskelquerschnitt weist mit 40–100 N *keinen bedeutsamen geschlechtsspezifischen Unterschied* auf.

Ein Vergleich der Leistungsfähigkeit des **Herz-Kreislauf-Systems** zwischen Mann und Frau zeigt, daß das *Herzvolumen* und damit das *Schlagvolumen* bei der Frau geringer ist.

Darüber hinaus ist die *Gesamtmenge des Hämoglobins* um 10–15% niedriger als die des Mannes, und die *Sauerstofftransportkapazität* ist um ca. 20% geringer. Aus diesen Faktoren erklärt sich die absolut **geringere maximale O_2-Aufnahme** der Frau, die wiederum dazu führt, daß Frauen in den Ausdauersportarten, in denen die max. O_2-Aufnahme leistungsbegrenzend ist, auch geringere Absolutleistungen erbringen.

Die genannten Merkmale berühren nur einen eingegrenzten physiologischen Teil der körperlichen Leistungsfähigkeit der Frau. Andere Aspekte, die z. B. in den Bereich der *Bewegungskoordination* hineinragen, können in diesem Rahmen nicht erörtert werden.

Hinzu kommen *Sozialisationsvorgänge*, die früher Frauen und Männern „geschlechtsspezifische" Sportarten zugeschrieben haben. Heute scheinen sich die Fronten der traditionellen Männer- und Frauensportarten aufzulockern (z. B. bei Damenfußball, -marathonlauf).

Die Erfahrungen in diesem Bereich deuten darauf hin, daß ein Teil der geschlechtsspezifischen Unterschiede in der körperlichen Leistungsfähigkeit zwischen Mann und Frau auf traditionsbedingte Einflüsse zurückzuführen ist.

10.6 Medizinische Aspekte des Schulsports

Im Verlauf der physischen und psychischen Entwicklung des Kindes kommt dem Schulsport aus medizinischer Sicht eine große Bedeutung zu. Dabei spielt eine *regelmäßige, dosierte* körperliche Aktivität eine große Rolle.

■ 109

10. LE/25

---

1. Pro Unterrichtseinheit eine Ausdauerbeanspruchung mit individuell dosierter Belastung von 15 Minuten Dauer.
2. Messung der individuellen Belastung durch Kontrolle der Herzfrequenzen.
3. Angemessener Belastungsbereich zwischen 150–170 Schlägen pro Minute. (Unmittelbar nach der Belastung ist die Herzfrequenz schon um 10–20/min abgesunken. Folglich sind zur ermittelten Herzfrequenz nach der Belastung 10–20 Schläge hinzuzuaddieren).
4. Überforderung (mehr als 180/min) und Unterforderung (weniger als 130/min) vermeiden.
5. Keine Ausdauerbelastungen bei höheren Umgebungstemperaturen als 25–28 °C, höherer Luftfeuchtigkeit als 70% und unmittelbar nach Mahlzeiten.
6. Gefahr der Monotonie bei Ausdauerbelastungen durch Variierung der Übungsgestaltung vermeiden.
7. Krafttraining in Form von Partnerübungen einsetzen.
8. Schulsportliche Hausaufgaben nicht vergessen.

■ **110: Sportmedizinische Hinweise für die Durchführung von Ausdauerbelastungen im Schulsport**

Bei sportschwachen Schülern:

– langsame, komplexe Belastungssteigerung
– Absprache mit den Eltern, Abbau von Vorurteilen
– Absprache mit dem Schüler, Förderung von Erfolgserlebnissen
– Mithilfe der Klasse fordern

Bei leistungsschwachen Schülern:

– Nach kurzdauernden akuten Erkrankungen mit völliger Wiederherstellung: volle Teilnahme ohne Maximalbelastung

– Nach längerdauernden Krankheiten mit völliger Gesundung: Langsamer Aufbau der Belastung, keine maximalen Belastungen

– Bei längerdauernden oder bleibenden Schädigungen: Teilbefreiung nach Absprache mit dem Arzt

■ **111: Sportmedizinische Hinweise für die Eingliederung leistungsschwacher und sportschwacher Schüler in den normalen Sportunterricht**

10. LE/26

Verschiedene Untersuchungsergebnisse deuten darauf hin, daß nur zu etwa *60–70% genetische Faktoren* für die Größe und Funktion solcher Organe verantwortlich gemacht werden können, die für die körperliche Leistungsfähigkeit limitierend wirken.

Das bedeutet, daß zu etwa 30–40% durch die Wirkung *körperlicher Aktivität* auf die Entwicklung der Organe Einfluß genommen werden kann. Je häufiger, länger und intensiver *innerhalb physiologischer Grenzen* ein Organ belastet wird, desto stärker sind seine strukturellen Anpassungsvorgänge an die Belastung und damit seine Leistungsfähigkeit.

Bei Fehlen dieser regelmäßigen, dosierten körperlichen Aktivität, also bei **Bewegungsmangel**, wird besonders bei Kindern die Entstehung von *Bewegungsmangelkrankheiten* gefördert. Diese äußern sich z. B. in Form von

- Fehlhaltungen und Fehlstellungen am Skelettapparat,
- Leistungseinbußen am Herz-Kreislauf- und Atmungsapparat,
- Fettleibigkeit (Adipositas) und
- Störungen im Bereich der nervösen Funktionen.

Beim Zusammentreffen von Bewegungsmangel und **Überernährung**, die durch Übergewicht den Bewegungsmangel weiter fördert, wird besonders die *Leistungsfähigkeit der Skelettmuskulatur eingeschränkt*. Diese kann dann nicht mehr im erforderlichen Maß die *Haltefunktionen* (Rücken- und Bauchmuskulatur) erfüllen. Die Folgen davon sind *Fehlhaltungen*, die im Laufe der Zeit zu anatomisch fixierten *Fehlstellungen* werden können.

Bewegungsmangel hat aber auch Auswirkungen auf das Herz-Kreislauf-System! Es kommt zu einer *Verringerung der maximalen Sauerstoffaufnahme*, des *maximalen Atemminutenvolumens* und der *Vitalkapazität*. Die Leistungsreserven des Herz-Kreislauf-Systems sind gering. ■ 110

Bei körperlich inaktiven Kindern zeigen sich sehr häufig *Schlafstörungen, Verdauungsstörungen, frühzeitige Ermüdungserscheinungen* und *„nervöse" Überreiztheit*.

All diese Aspekte sprechen dafür, dem relativ hohen Bewegungsbedarf der Schulkinder durch die **Forderung nach der täglichen Stunde Schulsport** Rechnung zu tragen, die schon um die Jahrhundertwende aufgestellt worden ist.

Bei der Unterrichtsplanung und -durchführung treten sehr oft Probleme mit sog. **sportschwachen** und **leistungsgeminderten** Schülern auf.

Ein Schüler gilt als *sportschwach*, wenn entwicklungsbedingte, konstitutionelle oder psychische Beeinträchtigungen der körperlichen Leistungsfähigkeit vorliegen. *Leistungsgemindert* ist ein Schüler dann, wenn Einschränkungen der körperlichen Leistungsfähigkeit durch akute oder chronische Krankheiten vorliegen. Beide Gruppen sollten durch spezielle Maßnahmen adäquat in den Sportunterricht ■ 111
eingegliedert werden.

10. LE/27

Zeichnen Sie in der nachfolgenden Abbildung den Verlauf des jährlichen Längenzuwachses in Prozent der Körperhöhe ein!

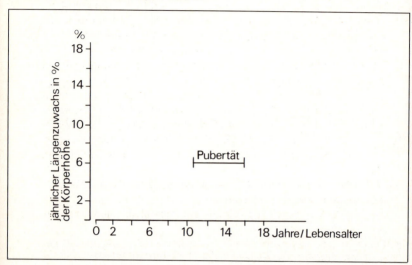

Wie verläuft die Kurve, die das Verhalten der Muskelkraft in Prozent der maximalen Muskelkraft, bezogen auf das Lebensalter, kennzeichnet?

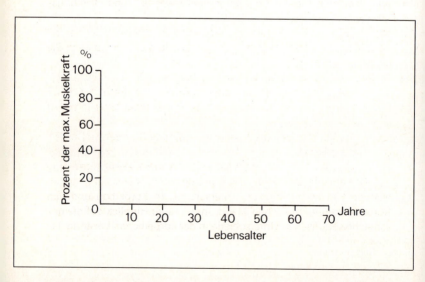

10. LE/28

10.7 Lernerfolgskontrolle

1. Nennen Sie die Entwicklungsphasen vom Kind zum Jugendlichen!

2. Welche Aspekte können Sie bei der Entwicklung der motorischen Hauptbeanspruchungsformen Koordination, Kraft und Ausdauer in der Vorpubertät und in den puberalen Phasen nennen?

3. Erklären Sie die Gründe für die geringere Ausdauerleistungsfähigkeit des Kindes im Vergleich zum Erwachsenen!

4. Ein 10 jähriger Schüler und ein 25 jähriger Erwachsener werden maximal ausdauerbelastet. Wie verhalten sich bei beiden die Herzfrequenz, das Schlagvolumen und die maximale Sauerstoffaufnahme?

5. Gehen Sie auf die allgemeine-aerobe Ausdauerleistungsfähigkeit und deren Veränderung durch Training bei 10–12 jährigen Schülern ein!

6. Welche Gründe können Sie gegen intensive *anaerobe* Ausdauerbelastungen bei Kindern anführen?

7. Nennen Sie Beispiele für den Einfluß der Pubertät auf die körperliche Leistungsfähigkeit!

8. Erläutern Sie die Problematik der körperlichen Belastung von akzelerierten Schülern im Sportunterricht!

9. Wie entwickelt sich die Muskelkraft 10–12 jähriger trainierter Mädchen im Vergleich zu gleichaltrigen Jungen?

10. Welche Probleme bringen Bewegungsmangel und Überernährung für Kinder mit sich?

11. Wie definieren Sie die Begriffe „sportschwacher" und „leistungsschwacher" Schüler?

12. Welche Möglichkeiten der Eingliederung von sportschwachen und leistungsschwachen Schülern in den Sportunterricht können Sie nennen?

13. Welche physiologischen Größen bestimmen die körperliche Leistungsfähigkeit des alten Menschen im Bereich des Skelettsystems?

14. Welche Ursachen hat die verminderte Ausdauerleistungsfähigkeit beim alten Menschen?

15. Erläutern Sie altersbedingte leistungsmindernde Faktoren im Bereich des Atmungssystems!

16. Welchen Einfluß hat ein regelmäßiges, dosiertes Ausdauertraining auf die körperliche Leistungsfähigkeit des alten Menschen?

17. Nennen Sie die wichtigsten Unterschiede im Körperbau und den Körperfunktionen zwischen Mann und Frau im Hinblick auf die geschlechtsspezifischen Unterschiede in der körperlichen Leistungsfähigkeit!

11. LE/1

Zur sportmedizinischen Untersuchung

Hauptaufgaben:
- Feststellung der Sporttauglichkeit
  - Eignungsproblematik (Freizeitsport)
  - Talentproblematik (Leistungssport)
    - Prüfung des Gesundheitszustandes des Sporttreibenden
    - Beurteilung der körperlichen Leistungsfähigkeit ⟵—

Inhalte der sportmedizinischen Untersuchung

- **Fragen nach den Vorerkrankungen** des Untersuchten und nach seiner sportlichen Betätigung *(Anamnese)*

- **allgemeine ärztliche Untersuchung** mit besonderer Berücksichtigung des Funktionszustandes des *Atemapparates* und des *Herz-Kreislauf-Systems* (u. a. werden geprüft: abhörbare Atem- und Herzgeräusche, Klopfschallbefund, Herzrhythmus, Herzfrequenz in Ruhe, arterieller Blutdruck usw.)

- **orthopädische Zusatzuntersuchungen** (Überprüfung der Beweglichkeit der Wirbelsäulenabschnitte und der Extremitätengelenke...)

- **Blutuntersuchung** (z. B. Zahl der Blutzellen/µl, Hämoglobinkonzentration)

- **Urinuntersuchung** (z. B. Eiweiß- und Zuckergehalt des Urins)

- **Aufzeichnung der rhythmischen elektrischen Aktivitäten des Herzens** *(Elektrokardiographie)* in *Ruhe* und unter definierter körperlicher *Belastung* auf einem Standfahrrad (Fahrradergometer) oder einem Laufband (s. S. 160). Dieser Untersuchungsteil ist unter dem Aspekt der Gesundheitsbeurteilung besonders dann notwendig, wenn die Vorgeschichte und die allgemeine ärztliche Untersuchung entsprechende Hinweise auf Erkrankung der Transportorgane (Lunge, Herz-Kreislauf) liefern. Das gilt vor allem für Erwachsene, bei denen mit fortschreitendem Alter degenerative Veränderungen am Herz-Kreislauf-System zunehmen.

Gegenanzeigen (Kontraindikationen) für eine unkontrollierte körperliche Belastung im Sport ⟵—

- Herzfehler mit Funktionseinbußen der Herzmuskulatur
- Störungen der Herztätigkeit (Herzrhythmusstörungen)
- ausgeprägter Bluthochdruck (Hypertonie)
- fieberhafte Erkrankungen, auch örtlich begrenzte Infektionen
- ausgeprägte Schilddrüsenüberfunktion

11. LE/2

11. Lerneinheit:
Die sportmedizinische Beurteilung der körperlichen Leistungsfähigkeit

11.0 Lernziele

Nach Bearbeitung dieser Lerneinheit sollen Sie in der Lage sein,

- die Hauptaufgaben und die Bestandteile der sportmedizinischen Untersuchung zur Feststellung der Sporttauglichkeit unter besonderer Berücksichtigung der Bestimmung der allgemeinen dynamischen aeroben Ausdauerleistungsfähigkeit zu erläutern und
- unter Berücksichtigung des Funktionsprinzips von Fahrradergometer und Laufband standardisierte Testverfahren zur Bestimmung der Ausdauerleistungsfähigkeit zu beschreiben.

11.1 Hauptaufgaben der sportmedizinischen Untersuchung

Feststellung der Sporttauglichkeit

I. Prüfung des Gesundheitszustandes des Sporttreibenden und

II. Beurteilung seiner Leistungsfähigkeit und damit seines Trainingszustandes.

Zu I: Prüfung des Gesundheitszustandes. Eine Reihe von möglichen Erkrankungen schränkt die Leistungsfähigkeit des Sporttreibenden ein und kann ihn sogar bei den im Training und Wettkampf auftretenden Belastungen gesundheitlich gefährden. Das Vorliegen solcher Erkrankungen, die eine Gegenanzeige *(Kontraindikation)* gegen das Sporttreiben darstellen, gilt es durch die Untersuchung auszuschließen.

11. LE/3

Die sportmedizinische Überprüfung des gesundheitlichen Risikos einer sportlichen Betätigung ist *hauptsächlich* notwendig:

- bei allen *Kindern und Jugendlichen*, die beginnen, in Neigungsgruppen und Sportvereinen regelmäßig Sport zu treiben,
- bei allen, die *nach längerer Pause* wieder mit körperlichem Training beginnen. Das gilt besonders für ältere Menschen,
- bei allen Sportlern, die *nach überstandener Erkrankung* erneut das Training aufnehmen,
- bei allen *Leistungssporttreibenden* im zeitlichen Abstand von 3–6 Monaten.
- bei allen Sportstudenten mindestens zu Beginn und am Ende des Studiums

Geräte zur Bestimmung der allgemeinen aeroben dynamischen Ausdauerleistungsfähigkeit

Das Laufband besteht aus 2 Rollen, über die ein „endloses" Gummiband läuft. Die Versuchsperson bewegt sich gegen die Bewegungsrichtung des motorgetriebenen Bandes. Entspricht die Laufgeschwindigkeit der Testperson der des Bandes, so läuft die Versuchsperson auf der Stelle. Die vom Laufenden erbrachte Leistung *(P)* steigt mit

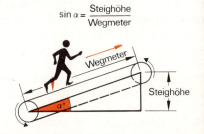

$$\sin \alpha = \frac{\text{Steighöhe}}{\text{Wegmeter}}$$

- zunehmendem Körpergewicht *G* (N mit
- zunehmender Bandgeschwindigkeit *v* (m/s), mit
- zunehmendem Steigungswinkel α des Bandes an.

Allerdings kann die physikalische Leistung auf dem Laufband nicht exakt in $N \cdot m \cdot s^{-1}$ angegeben werden, da weder die Bewegung der Arm- und Schultergürtelmuskulatur noch die Reibungskräfte zwischen Fußsohle und Band erfaßt werden. Dem stehen mehrere Vorteile der Laufbandbelastung zur Bestimmung der Ausdauerleistungsfähigkeit gegenüber:

1. sportartspezifische Belastung durch Laufen wie bei vielen Sportarten,
2. Einsatz größerer Muskelgruppen als beim „Fahrradfahren" und damit
3. Ermittlung größerer maximaler Sauerstoffaufnahme als bei fahrradergometrischer Belastung.

■ 112: **Laufband**

11. LE/4

Der Arzt hat aufgrund des Untersuchungsergebnisses zu entscheiden, ob die angestrebte Sportart ohne Einschränkung oder mit Einschränkung oder überhaupt nicht ausgeübt werden darf.

Zu II: Beurteilung der körperlichen Leistungsfähigkeit. Die sportmedizinische Untersuchung erfolgt in zweiter Linie mit dem Ziel, festzustellen, welche Leistungsfähigkeit der Betreffende aufweist im Vergleich zu

– **gesunden, untrainierten Personen** der gleichen Altersgruppe und des gleichen Geschlechts und zu

– **trainierten Sportlern** der gleichen Altersgruppe und der gleichen Sportart.

Die dosierte körperliche Belastungstestung ist bei sportmedizinischer Untersuchung an Sporttreibenden über 40 Jahre obligatorisch.

11.2 Beurteilung der allgemeinen dynamischen aeroben Ausdauer

Die Beurteilung der körperlichen Leistungsfähigkeit im Sport kann – je nach betriebener Sportart – in den verschiedenen motorischen Hauptbeanspruchungsformen *Flexibilität, Koordination, Kraft, Schnelligkeit* und *Ausdauer* erfolgen.

Im weiteren werden Sie mit dem Prinzip und den Meßgrößen der **allgemeinen-dynamischen-aeroben Ausdauer** vertraut gemacht.

Die Ausdauerleistungsfähigkeit wird deshalb in den Vordergrund gestellt, weil mehrere Untersuchungen darauf hinweisen, daß die durch ein *dosiertes langjähriges Ausdauertraining* erworbene erhöhte Ausdauerleistungsfähigkeit Herz-Kreislauf-Erkrankungen zwar nicht verhindert, aber deren Schwere und Verlauf *günstig* beeinflußt.

11.2.1 Prinzip der Bestimmung der allgemeinen aeroben Ausdauerleistungsfähigkeit

Die Ausdauerleistungsfähigkeit sollte in *der Sportart* (z.B. im Laufen, Schwimmen, Radfahren und Skilanglauf) *geprüft werden, in der sie erworben wurde.*

Die Verwirklichung dieses anerkannten Prinzips stößt allerdings auf eine Reihe von Problemen. Es ist schwierig, oft sogar unmöglich, am laufenden, schwimmenden, radfahrenden Sportler Blut zur Untersuchung abzunehmen oder andere Funktionsgrößen wie die momentane Sauerstoffaufnahme zu bestimmen. Hinzu kommt, daß unterschiedliche Umgebungsbedingungen wie Laufbahnbeschaffenheit, Wind, Lufttemperatur und Luftfeuchtigkeit die Vergleichbarkeit und Reproduzierbarkeit der gemessenen Leistungen erheblich erschweren.

Als Testgeräte kommen deshalb meist **Fahrradergometer**, aber auch ■ 112 **Laufbänder** zum Einsatz.

11. LE/5

■ 113: Fahrradergometer (mechanisch gebremst)

Das Fahrradergometer entspricht einem Standfahrrad mit einem massiven Schwungrad, das von der sitzenden Versuchsperson über die Pedalen mit variabler Umdrehungszahl angetrieben wird. Das Schwungrad kann abgestuft durch mechanisch oder elektrisch erzeugte Reibungskräfte gebremst werden. Bei den *mechanisch gebremsten Ergometern* hat sich die *Leinenriemenbremse* bewährt. Über eine Feder wird der dem Umfang des Schwungrades aufliegende Leinenriemen zur

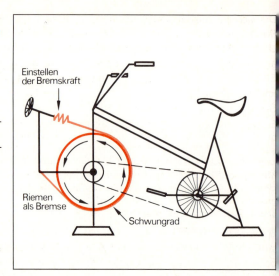

Erzeugung einer abgestuften Bremskraft unterschiedlich fest auf das Schwungrad gepreßt. An geeichten Instrumenten sind die eingestellte Bremskraft und die Zahl der Pedalumdrehungen pro min ablesbar.

Die von der Versuchsperson erbrachte *Leistung* (Leistung = Kraft × Weg/Zeit) ergibt sich aus der

– Geschwindigkeit des Rades $v = \dfrac{\text{Weg}}{\text{Zeit}} = \dfrac{\text{Zahl der Umdrehungen}}{\text{Zeit}} \times \dfrac{\text{Weg}}{\text{Umdrehung}} \left[\dfrac{m}{s}\right]$

und
– der Bremskraft *F* in Newton.

Die Leistungsangabe erfolgt in N · m/s oder in Watt (W).   1 N · m/s = 1 Watt

Beispiel zur Bestimmung der erbrachten Leistung am Fahrradergometer:
Das Schwungrad legt 6 m pro Pedalumdrehung zurück. Die Versuchsperson hat gegen eine Bremskraft von 10 N bei 50 Pedalumdrehungen/min gearbeitet.

$v = \dfrac{50 \text{ U} \cdot 6 \text{ m}}{\text{min} \cdot \text{U}} = 300 \text{ m/min}$

$P = v \cdot F = 300 \text{ m/min} \cdot 10 \text{ N} = 3000 \text{ N} \cdot \text{m/min} = 50 \text{ N} \cdot \text{m/s} = 50 \text{ Watt}.$

11. LE/6

Die aerobe Ausdauerleistungsfähigkeit wird im Labor bei *konstanter Raumtemperatur* (18–20 °C) und *definierter Luftfeuchtigkeit* geprüft. Der Untersuchte wird dazu „ortsfest" meist auf einem **Fahrradergometer** ■ **113** ausdauerbelastet bei gleichzeitiger Messung der Herzfrequenz mittels EKG sowie der Ventilationsgrößen und der Sauerstoffaufnahme mittels leistungsfähiger Spirometer (s. S. 98). Beim gleichzeitigen Einsatz von Spiro- und Ergometern spricht man von *Spiroergometrie*.

Es ist einsichtig, daß die so im Labor gemessene Ausdauerleistungsfähigkeit, z. B. bei einem Radfahrer oder einem Skilangläufer, nicht direkt in „Minuten und Sekunden" für die zu erwartende Leistung in seiner Sportart angegeben werden kann. Darauf sind die Athleten und Trainer immer wieder hinzuweisen.

Mit der im Labor bestimmten Ausdauerleistungsfähigkeit läßt sich bei wiederholter Untersuchung am gleichen Athleten die Wirksamkeit definierter Trainingsprogramme bestätigen, ein Übertraining erkennen und eine Vielzahl wissenschaftlicher Fragestellungen beantworten.

Da die Fahrradergometerbelastung eigentlich nur eine adäquate Belastung für *Radsportler* ist, werden in letzter Zeit im zunehmenden Maße – besonders in den Untersuchungszentren für den Hochleistungssport – **Laufbänder** eingesetzt. Mit diesem Testgerät werden laufende Sportler aus dem Bereich der *Leichtathletik* und der *Mannschaftssportarten* untersucht.

Verbesserte und neu entwickelte Methoden erlauben es, in letzter Zeit im zunehmenden Maße, Rückschlüsse auf die Ausdauerleistungsfähigkeit des Athleten auch unter Trainingsbedingungen in den verschiedenen Sportanlagen zu erhalten (s. Feldtest).

So ermöglicht die „drahtlose" Übertragung der elektrischen Aktionen des Herzens auf radiotelemetrischem Weg die Ermittlung der Herzfrequenz *während der Belastung unter Wettkampfbedingungen* auf den Sportanlagen. Hinzu kommen Weiterentwicklungen von Laborgeräten, die die Laktatkonzentration und die anderen Meßgrößen auch außerhalb des Labors auf den Sportanlagen bestimmbar machen und so die *Ermittlung der aerob-anaeroben* (s. S. 91) *Schwelle sportartnah* ermöglichen.

11. LE/7

Zur Beurteilung der allgemeinen aeroben Ausdauerleistungsfähigkeit

Bei Ausdauerbelastungen in den Sportarten oder im Labor auf dem Fahrradergometer und dem Laufband ist der *Sauerstoffbedarf* der arbeitenden Muskulatur vergrößert. Um den gestiegenen Sauerstoffbedarf zu decken, ist die *Sauerstoffaufnahme* erhöht.

Eine erhöhte Sauerstoffaufnahme pro Zeiteinheit wird im wesentlichen durch ein gesteigertes *Herzminutenvolumen* (s. S. 179, Bd. I) ermöglicht. Das Herzminutenvolumen ergibt sich – wie dargestellt – aus dem Produkt von *Schlagvolumen* und *Herzfrequenz*.

■ **114: Zusammenhang zwischen Herzfrequenz und O_2-Aufnahme unter Belastung**

Wird bei Ausdauerbelastungen die Belastungsintensität stufenweise erhöht, so steigt folglich die Herzfrequenz (Hf) und damit die O_2-Aufnahme ($\dot{V}_{O_2}$) an. Dieser Sachverhalt ist in Abb. 114 dargestellt.

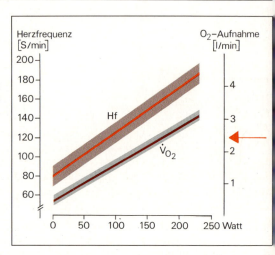

Auf der Abszisse ist die auf dem Fahrradergometer erbrachte Leistung in Watt, auf den Ordinaten links die Herzfrequenz sowie rechts die O_2-Aufnahme und die Laktatkonzentration aufgetragen. In Ruhe (0 Watt) weisen die 10 Versuchspersonen im Mittel eine Herzfrequenz von 80 S/min und eine O_2-Aufnahme von ≈0,5 l/min sowie eine Laktatkonzentration von weniger als 2 mmol/l Blut auf. Der Grenzbereich der Ausdauerleistungsfähigkeit dieser Gruppe ist bei ≈230 Watt erreicht. Die Herzfrequenz beträgt hier im Mittel 182 S/min und der maximale Wert der O_2-Aufnahme 3,2 l/min sowie die Laktatkonzentration 7,5 mmol/l.

11. LE/8

11.2.2 Parameter zur Beurteilung der allgemeinen aeroben Ausdauerleistungsfähigkeit

Als *„Bruttokriterium"* zur Beurteilung der Ausdauerleistungsfähigkeit gilt die **maximale Sauerstoffaufnahme** ($\dot{V}_{O_2 max}$), die bei erschöpfender ⟵ Ausdauerbelastung um so höher liegt, je besser der Athlet ausdauertrainiert ist.

Normwerte von Untrainierten:

Männer (20–30 Jahre): 3300 ± 200 ml/min ≈ 40–55 ml/(min · kg)

Frauen (20–30 Jahre): 2200 ± 200 ml/min ≈ 32–40 ml/(min · kg)

Weltbeste Athleten in den Ausdauersportarten erreichen aufgrund ihres großen Schlagvolumens und der vergrößerten maximalen O_2-Ausschöpfung in der Muskulatur eine maximale O_2-Aufnahme von ≈ 6000 ml/min ≈ 80–90 ml/(min · kg). Aufgrund der unterschiedlichen Körpergewichte eignet sich die **relative,** d.h. **gewichtsbezogene, O_2-Aufnahme** besser als Vergleichsgröße.

Neben der O_2-Aufnahme werden auf den verschiedenen Belastungsstu-   ■ 114 fen des Ausdauertests die Ventilationsgrößen **Atemzugvolumen** und **Atemfrequenz** und somit das **Atemminutenvolumen** mit Hilfe der beschriebenen Spirometer (s. S. 98) gemessen.

Der Quotient aus Atemminutenvolumen in l/min und der O_2-Aufnahme (ebenfalls in l/min) ergibt das Ihnen bereits vorgestellte **Atemäquivalent** (s. S. 39), eine dimensionslose Zahl, die besonders bei Vergleichsuntersuchungen als Maß für die Ökonomie der Atmung gilt.

In Ruhe beträgt das Atemäquivalent ≈ 25, d.h., 25 l Luft werden zur Aufnahme von 1 l Sauerstoff eingeatmet. Bei maximaler Belastung steigt der Wert auf 30–40 an, d.h., hier ist die Atmung unökonomisch, da zur Aufnahme von 1 l Sauerstoff 30–40 l Luft ein- und ausgeatmet werden müssen. Eine relativ große Streuung schränkt die Aussagekraft dieser Meßgröße allerdings ein.

Die Bestimmung der Herzfrequenz und der O_2-Aufnahme auf den verschiedenen Stufen der Ausdauerbelastung gestattet die rechnerische Ermittlung des sog. **Sauerstoffpulses,** der dem Quotienten aus Sauerstoffaufnahme/min und Herzfrequenz entspricht.

Der Sauerstoffpuls gibt demnach die Sauerstoffaufnahme in ml pro Herzschlag an.

11. LE/9

Wie Sie bereits in den Ausführungen zum Sportherz gelesen haben, liegt die Herzfrequenz auf gleichen submaximalen Belastungsstufen um so niedriger, je größer das Herzvolumen und damit das Schlagvolumen (s. S. 179, Bd. I) ist.

Bei gleich hohen Herzfrequenzen können Ausdauertrainierte folglich eine größere Leistung erbringen als Untrainierte. Als Bezugsherzfrequenzen zur Beurteilung der Ausdauerleistungsfähigkeit hat man 130 S/min oder 170 S/min gewählt.

Die auf dem Testgerät (z. B. Fahrradergometer) erbrachte Leistung (in Watt) bei einer Herzfrequenz von 170 S/min wird als Physical Work Capacity 170 (**PWC** 170) oder Arbeits-Kapazität 170 (**AK** 170) bezeichnet. Je höher die Leistung bei dieser Herzfrequenz liegt, desto größer ist die Ausdauerleistungsfähigkeit des Untersuchten.

11. LE/10

Wir wollen uns nun überlegen, von welchen Größen dieser **O$_2$-Puls** abhängt.

Die O$_2$-Aufnahme ($\dot{V}_{O_2}$) ergibt sich – wie dargelegt – aus dem Herzminutenvolumen und der peripheren O$_2$-Ausschöpfung, wobei sich das Herzminutenvolumen wiederum aus der Herzfrequenz (Hf) und dem Schlagvolumen (v_s) errechnet. Folglich gilt:

$$\dot{V}_{O_2} = Hf \cdot v_s \cdot \text{periphere O}_2\text{-Ausschöpfung.}$$

Daraus ergibt sich der O$_2$-Puls:

$$O_2\text{-Puls} = \frac{\dot{V}_{O_2}}{Hf} = v_s \cdot \text{periphere O}_2\text{-Ausschöpfung.}$$

Der O$_2$-Puls ist somit beim kreislaufgesunden jüngeren Menschen vom Schlagvolumen und der peripheren O$_2$-Ausschöpfung abhängig. Mit steigender körperlicher Belastung steigt der O$_2$-Puls infolge der Schlagvolumenzunahme und der vergrößerten peripheren O$_2$-Ausschöpfung im arbeitenden Muskel an.

Untrainierte erreichen bei maximaler Ausdauerbelastung einen O$_2$-Puls von 15–20 ml bei Männern. Bei *hoch ausdauertrainierten* Radrennfahrern sind Werte von $\approx$ 30 ml gemessen worden.

11.3 Standardisierte Testverfahren zur Beurteilung der Ausdauerleistungsfähigkeit

Die Ausdauerbelastung ist prinzipiell durch Kniebeugen, durch Stufensteigen, durch Laufband- und durch Tretkurbelbelastungen (Fahrradergometer) möglich.

Kniebeugenbelastungen eignen sich **nicht** *zur quantitativen Beurteilung der Ausdauerleistungsfähigkeit. Kniebeugen werden individuell meist sehr unterschiedlich („tief" und schnell) ausgeführt. Das erschwert die notwendige Vergleichbarkeit der Belastung ebenso wie das von Person zu Person unterschiedliche Körpergewicht.*
Stufentests, bei denen Stufen verstellbarer Höhe mit einer bestimmten Auf- und Abstiegsgeschwindigkeit für eine vorgegebene Zeit bestiegen werden, ermöglichen **schon eher** eine orientierende Beurteilung der Ausdauerleistungsfähigkeit. Trotz einer Reihe von methodischen Verbesserungen bleibt das Stufensteigen aber eine *ungewohnte* Belastung, die zudem mit *technischen Schwierigkeiten bei der Erfassung von Meßgrößen* verbunden ist.

11. LE/11

Fahrradergometer als Heimtrainer
Häufig werden die Fahrradergometer auch als Heimtrainingsgerät zur Verbesserung der allgemeinen dynamischen aeroben Ausdauer eingesetzt. Diese Geräte ersetzen allerdings nicht die Vielfalt von Trainingsmaßnahmen, die zur Verbesserung der Ausdauerleistungsfähigkeit im Freien und in Sporthallen einsetzbar sind.

Die Fahrradergometer bieten aber für den Genesenden und den chronisch Kranken mit eingeschränkter Leistungsbreite die Möglichkeit zur dosierten, herzfrequenzkontrollierten Belastung. Zeitmangel, schlechte Wetterverhältnisse und ungünstige innerstädtische Wohnlage können weitere Gründe darstellen, Heimtrainingsgeräte zu verwenden.

Das Heimtraining soll erst **nach ärztlicher Untersuchung** aufgenommen werden. Außerdem hat das Heimtrainingsgerät einige **Minimalanforderungen** zu erfüllen, damit ein risikoarmes, progressives Ausdauertraining möglich wird.

1. Der Heimtrainer muß rutschfest und kippsicher stehen.
2. Der Heimtrainer muß einen rundum geschlossenen Kettenschutz aufweisen und muß frei von scharfen, vorstehenden Metallteilen sein.
3. Lenker- und Sattelhöhe des Heimtrainers müssen verstellbar sein.
4. Der Heimtrainer muß eine massive Schwungscheibe aus Metall (mindestens 10 kg) aufweisen.
5. Der Heimtrainer muß eine Bremskrafteinstellung und Bremskraftanzeige aufweisen.
   − Die Anfangsbremskraft muß konstant bleiben.
   − Die Bremskraft muß linear ansteigen.
   − Die Bremskraft darf sich unter der Belastung nicht verändern.
   − Die eingestellte Bremskraft muß jederzeit wieder auffindbar (reproduzierbar) sein.
6. Der Heimtrainer muß eine geeichte Geschwindigkeitsanzeige (Drehzahlmesser oder Tachometer) aufweisen.

■ 115: **Hinweise zur Anschaffung von Fahrradergometern zum Heimtraining**

11. LE/12

Aus verschiedenen Gründen haben sich die **Fahrradergometer** als Standardtestgeräte zur Beurteilung der Ausdauerleistungsfähigkeit immer mehr durchgesetzt. Auch im Vergleich zu den Laufbändern ist die Fahrradergometerbelastung

– gut dosierbar,
– gut reproduzierbar und im Ergebnis vergleichbar sowie
– relativ wirtschaftlich (Gerätepreis).

Das setzt voraus, daß die Fahrradergometer hinsichtlich der von der Testperson zu erbringenden physikalischen Leistung **eichbar** sind, was hauptsächlich durch den Einsatz von elektrischen Bremsprinzipien möglich wird. ■ 115

Ein **Nachteil** der Fahrradergometerbelastung ist der Einsatz relativ *kleiner* Muskelgruppen (Beinmuskulatur) im Vergleich zur Laufbandbelastung. So wird es verständlich, daß viele Untersuchte angeben, daß sie nur wegen Ermüdungserscheinungen in der Oberschenkelmuskulatur die Belastungsuntersuchung abbrechen mußten und sich ansonsten noch nicht „ausbelastet" fühlten. Das erklärt die gegenüber der Laufbandbelastung etwa 10% *niedrigere maximale O_2-Aufnahme* bei der Ausdauerbelastung auf dem Fahrradergometer.

Allerdings ist die auf dem Fahrradergometer erreichte Leistung nicht nur von der *Ausdauerleistungsfähigkeit* der Testperson, sondern von einer Reihe *anderer Faktoren* abhängig.

Dazu zählen:

– die Belastungsposition (liegend, sitzend)
– die Anzahl der Pedalumdrehungen pro min
– die Dauer der jeweiligen Belastungsstufe
– der Leistungszuwachs beim Übergang zur nächsten Belastungsstufe.

Seitens des Fahrradergometers kommen noch hinzu:

– die Größe der Schwungmasse (≈ 100 kg)
– die Lenkerstellung
– die Sattelhöhe und
– der Lenker-Sattel-Abstand
– die Pedallänge ($\approx 33{,}3$ cm).

Die von der Testperson auf dem Fahrradergometer erreichte physikalische Leistung in Watt ist zusammen mit der zugehörigen Herzfrequenz nur dann ein verwertbares, d. h. reproduzierbares und vergleichbares, Maß für die Ausdauerleistungsfähigkeit, wenn die genannten Größen *definiert und weitgehend konstant* gehalten werden.

11. LE/13

■ 116: Abbruchkriterien für die Belastungsuntersuchung (Ergometrie)

- Herzrhythmusstörungen
- Veränderungen im Kurvenbild des Elektrocardiogrammes (z. B. ST-Streckensenkung um >0,2 mV)
- Herzfrequenzsenkung bei steigender Belastung
- Erreichen der altersentsprechenden maximalen Herzfrequenz
- Überschreiten der systolischen Blutdruckwerte von 250 mm Hg
- Herzbeschwerden (Engegefühl)
- Kopfschmerzen, Schwindel und erschwerte Atmung

3-B-Regel (nach Kindermann)
- **B**eschwerden
- **B**elastungs-EKG-Veränderungen
- **B**elastungsblutdruck (>250 mm Hg)

---

11. LE/14

Aus diesen Überlegungen heraus ergeben sich **standardisierte Belastungsverfahren für die Fahrradergometrie**, von denen wir Ihnen im folgenden zwei Verfahren kurz vorstellen wollen.

1. Bestimmung der PWC 170 nach *Wahlund*

Die bereits beschriebene physikalische Leistung bei einer *Herzfrequenz von 170* (PWC 170) wird in *3 Belastungsstufen* von jeweils *6 min Dauer* bestimmt.

Die Herzfrequenz soll in den letzten Minuten jeder Stufe relativ konstant bleiben und auf der letzten Belastungsstufe in der Nähe von 170 S/min liegen. Beim Untrainierten wird mit 50 oder 100 Watt begonnen und um jeweils 50 Watt gesteigert.

Diese Methode hat den Vorteil, daß die nicht ganz risikofreie Maximalbelastung bis zur Erschöpfung vermieden wird. Andererseits besteht der Nachteil, daß die maximale Leistungsfähigkeit so nicht ermittelt werden kann.

2. Vita-maxima-Belastung nach *Mellerowicz*

Je nach Leistungsstand wird hier mit einer Belastung von 100 bis 150 Watt begonnen und nach jeweils 2 min um 50 Watt bis zur *Erschöpfung* gesteigert. Die Anzahl der Belastungsstufen ist hier *nicht* festgelegt; im allgemeinen werden 4–6 Stufen erreicht.

Mit diesem Verfahren wird eine rasch einsetzende **Maximalbelastung** ■ 116 angestrebt, wie sie zur Ermittlung der maximalen O_2-Aufnahme (Vita-maxima!) notwendig ist.

Nach diesem Verfahren werden die in Frage kommenden Hochleistungssportler im Deutschen Sportbund zur Zeit in den lizenzierten sportmedizinischen Untersuchungszentren untersucht. Frauen beginnen mit 100 W, Männer mit 150 W Belastung.

Kinder werden zur Feststellung ihrer maximalen Ausdauerleistungsfähigkeit **gewichtsbezogen belastet**. Man beginnt – je nach Alter – mit 0,5 bis 1,0 Watt/kg und steigert alle zwei Minuten um 0,5 Watt/kg bis zum Erreichen von Herzfrequenzen zwischen 190–200 S/min. Die dabei gemessenen Maximalwerte liegen für gesunde, nicht ausdauertrainierte 12jährige bei 3–3,5 Watt/kg. Allerdings besitzt die körpergewichtsbezogene Belastung den Nachteil, daß übergewichtige Kinder mit meist geringerer Leistungsfähigkeit zu hoch belastet werden und schnell ermüden. Auch lassen sich die errechneten Belastungswerte in Watt nicht genau genug einstellen.

Auch im Kindesalter ist bereits eine Belastung mit niedrigen, aber absoluten Watt-Werten möglich (Kindermann, 1988).

171

11. LE/15

Zur „großen" und „kleinen" sportmedizinischen Untersuchung

Die zeitaufwendige **„große" sportmedizinische Untersuchung**, die neben Blutuntersuchungen und Röntgen-Aufnahmen eine Beurteilung der Ausdauerleistungsfähigkeit mit Ergometer und Spirometer einschließt, wird nur an wenigen, meist im Hochleistungssport angesiedelten Sportlern durchgeführt.

Die kleine sportmedizinische Untersuchung

Die Mehrzahl der sportlich aktiven Kinder und Jugendlichen wird von ca. 9000 sportmedizinisch ausgebildeten Ärzte meist nach deren offiziellen Sprech- und Dienststunden sportärztlich untersucht. Im Mittelpunkt steht hier die ärztliche *Diagnostik unter internistischen und orthopädischen Aspekten*, d.h., den Transportorganen Lunge, Herz- und Kreislauf sowie dem Skelettsystem wird besondere Aufmerksamkeit geschenkt. Vor allem bei Älteren wird noch eine Fahrradergometerbelastung mit EKG-Kontrolle und Blutdruckmessung durchgeführt. Die maximale Sauerstoffaufnahme und die Ventilationsgrößen können hier nicht direkt gemessen, sondern nur indirekt geschätzt werden.

Diese sog. *kleine sportmedizinische Untersuchung* wird in ihrer Bedeutung oft unterschätzt. Allerdings wären ohne dieselbe mehr als 90% aller Sporttreibenden ohne spezielle ärztliche Kontrolle. Die sich daraus ergebenden Gefahren liegen auf der Hand!

11. LE/16

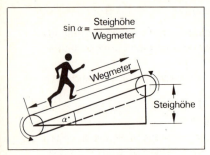

Von welchen Größen ist die von der Testperson auf dem Laufband erbrachte Leistung P abhängig?

$P \sim$ _____

$P \sim$ _____

$P \sim$ _____

Abbruchkriterien für die Belastungsuntersuchung:

B _____

    B _____

        B _____

11. LE/17

11.4 Lernerfolgskontrolle

1. Beim Vorliegen welcher Erkrankungen wird der Sporttreibende durch die im Training und Wettkampf auftretenden körperlichen Belastungen gefährdet?
2. In welchen Fällen halten Sie eine sportmedizinische Untersuchung für notwendig?
3. Erläutern Sie die Hauptaufgaben und die wesentlichen Bestandteile der sportmedizinischen Untersuchung!
4. Welche Rückschlüsse läßt die im Labor gemessene Ausdauerleistungsfähigkeit auf die Leistung in den Sportarten unter Trainings- und Wettkampfbedingungen zu?
5. Mit welchen Testgeräten wird die allgemeine dynamische aerobe Ausdauerleistungsfähigkeit beurteilt?
6. Welche Bedeutung hat die Physical Work Capacity 170 (PWC 170)?
7. Weshalb wird die maximale Sauerstoffaufnahme gewichtsbezogen angegeben?
8. Nehmen Sie zum Atemäquivalent als Maß für die Ökonomie der Atmung Stellung!
9. Welche Aussagen lassen sich mit Hilfe des O_2-Pulses treffen?
10. Von welchen Faktoren kann die im Labor gemessene allgemeine dynamische aerobe Ausdauerleistungsfähigkeit beeinflußt werden?
11. Welche Vor- und Nachteile weisen die verschiedenen ergometrischen Testverfahren zur Bestimmung der allgemeinen dynamischen aeroben Ausdauer auf?
12. Erläutern Sie die verschiedenen standardisierten Belastungsverfahren bei der Fahrradergometrie!
13. Sprechen Sie über die sog. „große" und „kleine" sportmedizinische Untersuchung!

Literaturhinweise

I. Anatomische, physiologische und sportmedizinische Grundlagenliteratur:

Åstrand, P.-O., Rodahl, K.: Textbook of Work Physiology. McGraw-Hill Book Company, New York 1987

Faller, A.: Der Körper des Menschen. Einführung in Bau und Funktion. 11. Aufl., Thieme Verlag. Stuttgart-New York 1988

Fleischhauer, K., Staubesand, J., Zenker, E. (Hg.): Benninghoff – Makroskopische und mikroskopische Anatomie des Menschen, Band I–III. 14. Aufl., Verlag Urban & Schwarzenberg, München 1985

Ganong, W. F.: Lehrbuch der medizinischen Physiology. Springer-Verlag. Berlin 1979

Hollmann, W. (Hg.): Zentrale Themen der Sportmedizin. 3. Aufl., Springer-Verlag. Berlin 1986

Hollmann, W., Hettinger, Th.: Sportmedizin – Arbeits- und Trainingsgrundlagen. 2. Aufl., Schattauer-Verlag. Stuttgart 1980

Hüllemann, K.-D. (Hg.): Sportmedizin – für Klinik und Praxis. Verlag Thieme. Stuttgart 1983

Jakowlew, N. N.: Sportbiochemie. Sportmedizinische Schriftenreihe der DHfK Leipzig. Band 14. Verlag Barth. Leipzig 1977

Keidel, W.-D. (Hg.): Kurzgefaßtes Lehrbuch der Physiologie. Verlag Thieme. Stuttgart 1985

McNaught, A. B., Callander, R.: Illustrated Physiology. Livingstone Ltd. Edinburgh 1983

Nöcker, J.: Physiologie der Leibesübungen. 4. Aufl., Verlag Enke. Stuttgart 1980

Prokop, L.: Einführung in die Sportmedizin. Uni-Taschenbücher 531. Verlag Fischer. Stuttgart 1983

Schmidt, R. F., Thews, G. (Hg.): Einführung in die Physiologie des Menschen. Springer-Verlag. Berlin 1987

Tittel, K.: Beschreibende und funktionelle Anatomie des Menschen. 11. Aufl., Fischer-Verlag. Jena 1989

II. Über die Grundlagenliteratur hinaus wird für die einzelnen Lerneinheiten folgende Spezialliteratur empfohlen:

6. Lerneinheit (Blut und Atmung)

Ahnfeld, F. W., Mehrkens, H.-H.: Notfallmedizin. Korrigierter Nachdruck der 1. Auflage. Kohlhammer. Stuttgart 1985

Piiper, J., Koepchen, H. P.: Atmung. Band 6 in Gauer-Kramer-Jung: Physiologie des Menschen. 2. Aufl., Verlag Urban & Schwarzenberg. München 1975

7. Lerneinheit (Temperaturregulation)

Aschoff, J., Günther, B., Kramer, K.: Energiehaushalt und Temperaturregulation. Band 2 in Gauer-Kramer-Jung: Physiologie des Menschen. Verlag Urban & Schwarzenberg. München 1971

8. Lerneinheit (Energieumsatz) und

9. Lerneinheit (Ernährung)

Keul, J., Doll, E., Keppler, D.: Muskelstoffwechsel. Verlag Barth. München 1969

Kindermann, W., Keul, J.: Anaerobe Energiebereitstellung im Hochleistungssport. Band 13 der Wissenschaftlichen Schriftenreihe des DSB. Verlag Hofmann. Schorndorf 1977

Kinzel, H.: Grundlagen der Stoffwechselphysiologie. Uni-Taschenbücher 618. Verlag Ulmer. Stuttgart 1977

Nöcker, J.: Die Ernährung des Sportlers. Verlag Hofmann. Schorndorf 1987

10. Lerneinheit (Jugend und Alter)

Clauss, A. (Hg.): Unfallursachen und Unfallverhütung im Sport. Band 7 der Beiträge zur Sportmedizin. perimed-Verlag. Erlangen 1977

Hartung, K. (Hg.): Schulsport – Bestandsaufnahme aus ärztlicher Sicht. Symposion 12. 6. 1976, Deutsches Grünes Kreuz. Marburg 1977

Hebblinck, M., Borms, J.: Körperliches Wachstum und Leistungsfähigkeit bei Schulkindern. Band 15 der Sportmedizinischen Schriftenreihe der DHfK Leipzig. Verlag Barth. Leipzig 1978

11. Lerneinheit (Sportmedizinische Untersuchung)

Kern, J. (Red.): Das sportmedizinische Untersuchungssystem. Beiheft zu „Leistungssport", DSB. Bundesausschuß Leistungssport 1975

Mellerowicz, H.: Ergometrie. 3. Aufl., Verlag Urban & Schwarzenberg. München 1979

Abbildungsverzeichnis

Appenzeller, O., Atkinson, R.: Sports Medicine, Urban & Schwarzenberg, Baltimore-Munich 1983, *Abb. 58*

Åstrand, P.-O., Rodahl, K.: Textbook of Work Physiology, McGraw-Hill Book Company, New York 1987, *Abb. 1, 105, 116, 82*

Bartels, H.: Gaswechsel. In: Keidel, W. D. (Hg): Kurzgefaßtes Lehrbuch der Physiologie, Georg-Thieme Verlag, Stuttgart 1975, *Abb. 30*

Christensen, E. H., Hansen, O.: Arbeitsfähigkeit und Ernährung, Skand. Arch. Physiol. 13, 1961, 418, *Abb. 82*

Crasselt, W., Forchel, I, Stemmler, R.: Zur körperlichen Entwicklung der Schuljugend in der Deutschen Demokratischen Republik, Johann Ambrosius Barth, Leipzig 1985, *Abb. 88*

Faller, A.: Der Körper des Menschen – Einführung in Bau und Funktion, 7. Auflage, Thieme, Stuttgart 1976, *Abb. 4, 17*

Gärtner, H., Crasselt, W.: Med. u. Sport 4/5/6, 1976, 117, *Abb. 96*

Ganong, W. F.: Lehrbuch der medizinischen Physiologie, Springer-Verlag, Berlin 1974, *Abb. 7*

Köhler (1973/74) zit. bei Gärtner, H., Crasselt, W.: Med. u. Sport 4/5/6, 1976, 117, *Abb. 95*

Köhnlein, H. E.: Erste Hilfe, 5. Aufl., Verlag Thieme, Stuttgart 1978, *Abb. 37, 38, 39, 40, 41*

Mocellin, R., Sebening, W., Bühlmann, K.: Z. Kinderheilk. 114, 1973, 323, *Abb. 97*

McNaught, A. B., Callander, R.: Illustrated Physiology, Livingstone Ltd., Edinburgh 1975, *Abb. 16, 43, 46, 87, 101, 108*

Nöcker, J.: Physiologie der Leibesübungen, 3. Auflage, Enke-Verlag, Stuttgart 1976, *Abb. 72*

Oelschlägel, H., Wittekopf, G.: Med. u. Sport 4/5/6, 1976, 126, *Abb. 93, 98*

Prokop, L., Bachl, N.: Alterssportmedizin, Springer-Verlag, Wien-New York 1984, *Abb. 69*

Wafelbakker, F., Bink, B.: IV. Internat. Symposium "Problems of Adolescence", Copenhagen 1969, *Abb. 94*

Sachwortverzeichnis

LE/Seite

Aerob-anaerobe Schwelle	**8**/18 ff.
Adenosindiphosphat (ADP)	**8**/5 ff.
Adenosintriphosphat (ATP)	**8**/5 ff.
Adipositas (s. Fettleibigkeit)	
Adoleszenz	**10**/6
Akzeleration	**10**/16
Alveolen	**6**/12, **6**/17, **6**/19 f.
Androgene	**10**/4
Antikörper	**6**/7 f.
Arbeitsumsatz	**8**/19 f.
Atemäquivalent	**6**/38, **11**/8
Atemfrequenz	**6**/36 ff., **11**/8
Atemminutenvolumen	**6**/37 ff., **11**/8
Atemspende	**6**/43 f.
Atemstillstand	**6**/43 f.
Atemweg	**6**/16 ff., **6**/42
Atemzentrum	**6**/31 f.
Atemzugvolumen	**6**/36 f.
Atmungskette	**8**/6
Aufwärmarbeit	**7**/22 ff.
– aktive	**7**/22
– passive	**7**/24
Ausdauerleistungsfähigkeit	**11**/3 ff.
Ausdauertraining	**6**/28, **8**/16 ff., **10**/6, **10**/12
Azidose	**6**/30
Biologisches Alter	**10**/16 ff.
Blutplasma	**6**/6 f.
Blutstillung	**6**/9 f.
Blutvolumen	**6**/27
Bronchien	**6**/17 f.
Chemische Thermogenese	**7**/8
Chemotaxis	**6**/6
Coenzym	**8**/5 ff.
Cooper-Lauf	**10**/10
Desoxygenation	**6**/13
Diapedese	**6**/6
Eiweiß	**6**/6, **6**/28, **9**/4 ff.
Energiebereitstellung	**8**/2 ff., **8**/10 ff.
– aerobe	**8**/6
– anaerobe	**8**/8
Energieumsatz	**8**/20, **8**/26 ff.
Ernährung	**9**/2 ff.

179

	LE/Seite
Ernährungsrichtlinien	**9**/18
Exspiration	**6**/21 f.
Erythrozyt	**6**/3 ff.
Fahrradergometer	**11**/4, **11**/11 ff.
Fette	**9**/4 ff.
Fettleibigkeit	**10**/26
Fieber	**7**/13 f.
Gaspartialdruck	**6**/11, **6**/13 f.
Gegenanzeigen	**11**/1
Gesamtumsatz	**6**/24, **8**/20, **8**/22, **8**/26
Gestaltwandel	**10**/2 f.
Gesundheitszustand	**11**/2
Gastransport	**6**/12 ff.
Glucose	**8**/5 ff., **8**/9 f.
Glykolyse	**8**/5 ff., **8**/12
Hämoglobin	**6**/4, **6**/13, **9**/18, **10**/10
Heimtrainer	**11**/11 ff.
Herzmassage	**6**/42 ff.
Herzstillstand	**6**/44
Hitzekollaps	**7**/20 f.
Hitzekrampf	**7**/20 f.
Hitzetoleranz	**7**/18 f.
Hitzschlag	**7**/20 f.
homoiotherm	**7**/1 f.
Hyperthermie	**7**/14, **7**/16
Hypophyse	**10**/4
Hypothermie	**7**/14
Hypoxie	**6**/3
Immunisierung	**6**/8 f.
Immunreaktion	**6**/8
Inspiration	**6**/22
Kalendarisches Alter	**10**/15 f.
Kapillare	**6**/1, **6**/9
Kältezittern	**7**/6
Kehlkopf	**6**/18
Kindesalter	**10**/1 f.
Kleinkindalter	**10**/1 f.
Kohlendioxidpartialdruck	**6**/11 ff., **6**/34
Kohlenhydrate	**8**/6, **9**/4 ff.
Kohlensäure-Bikarbonat-Puffer	**6**/30
Konduktion	**7**/7 ff., **7**/10
Kontraindikation	**11**/1

	LE/Seite
Konvektion	**7**/7 ff., **7**/10
Kortikale Mitinnervation	**6**/32
Körperkerntemperatur	**7**/3, **7**/5, **7**/19
Körperschale	**7**/1
Kreatinphosphat	**8**/3 f.
Kreislaufstillstand	**6**/42
Laktat	**8**/7 ff., **8**/12, **8**/18
Laufband	**11**/4 ff.
Lebensalter	**10**/1, **10**/7, **10**/9, **10**/11
Leukozyten	**6**/6
Luftröhre	**6**/18
Lungenbläschen (s. Alveolen)	
Lungenkapillaren	**6**/17 f.
Lungenvolumen	**6**/24
Mineralien	**9**/6
Mund-zu-Mund-Beatmung	**6**/43 f.
Mund-zu-Nase-Beatmung	**6**/43 f.
Nasenhöhle	**6**/16
Nährstoffbedarf	**9**/6 f.
Nährstoffe	**9**/6 ff.
Östrogene	**10**/6
Oxidation	**8**/4 ff.
Oxygenation	**6**/14
Partialdruckgefälle	**6**/11, **6**/19
pH-Wert	**6**/29 f.
Phagozytose	**6**/6
Physical Work Capacity 170 (PWC 170)	**11**/9, **11**/14
Plasmavolumen	**6**/27, **6**/30
poikilotherm	**7**/1 f.
Pubertät	**10**/4 f.
Pubeszens	**10**/4 f.
Rachen	**6**/16
Rektaltemperatur	**7**/3, **7**/5
Reservevolumen	**6**/24
- exspiratorisches	**6**/24
- inspiratorisches	**6**/24
Retardierung	**10**/16
Ruheumsatz	**6**/24, **8**/20
Säuglingsalter	**10**/1
Salzhaushalt	**9**/22

	LE/Seite
Salzverlust	**7**/17 f.
Sauerstoffaufnahme	**6**/14, **6**/32, **6**/35, **6**/37, **11**/8
Sauerstoffausschöpfung	**11**/10
Sauerstoffbindungskapazität	**6**/14 f.
Sauerstoffbindungskurve	**6**/13
Sauerstoffdefizit	**6**/13, **8**/13
Sauerstoffpartialdruck	**6**/11, **6**/14
Sauerstoffpuls	**11**/8 f.
Sauerstoffschuld	**8**/13 ff.
Schulsport	**10**/24 ff.
Sexualhormone	**10**/3 f.
Spirometer	**8**/25
Sportmedizinische Untersuchung	**11**/1 ff.
Steady State	**8**/13
Temperaturregulation	**7**/14 ff.
Testosteron	**10**/6
Thrombozyt	**6**/6, **6**/10
Totraum	**6**/25 f.
Totraumvolumen	**6**/26
Totalkapazität	**6**/24
Übergewicht	**10**/26
Verdunstung	**7**/12, **7**/16
Vitalkapazität	**6**/24
Vita-Maxima-Belastung	**11**/14
Vitamine	**9**/3 f.
Wachstumsgeschwindigkeit	**10**/1
Wärmeabgabe	**7**/8 ff., **7**/15
Wärmebildung	**7**/6 ff.
Wärmestrahlung	**7**/12
Wasserverlust	**7**/18
Wiederbelebung	**6**/40 ff.
Zellvolumen	**6**/27
Zitronensäurezyklus	**8**/6